张德芬/著

爱到极致
是放手

全新修订版

爱到极致
是放手

新版序

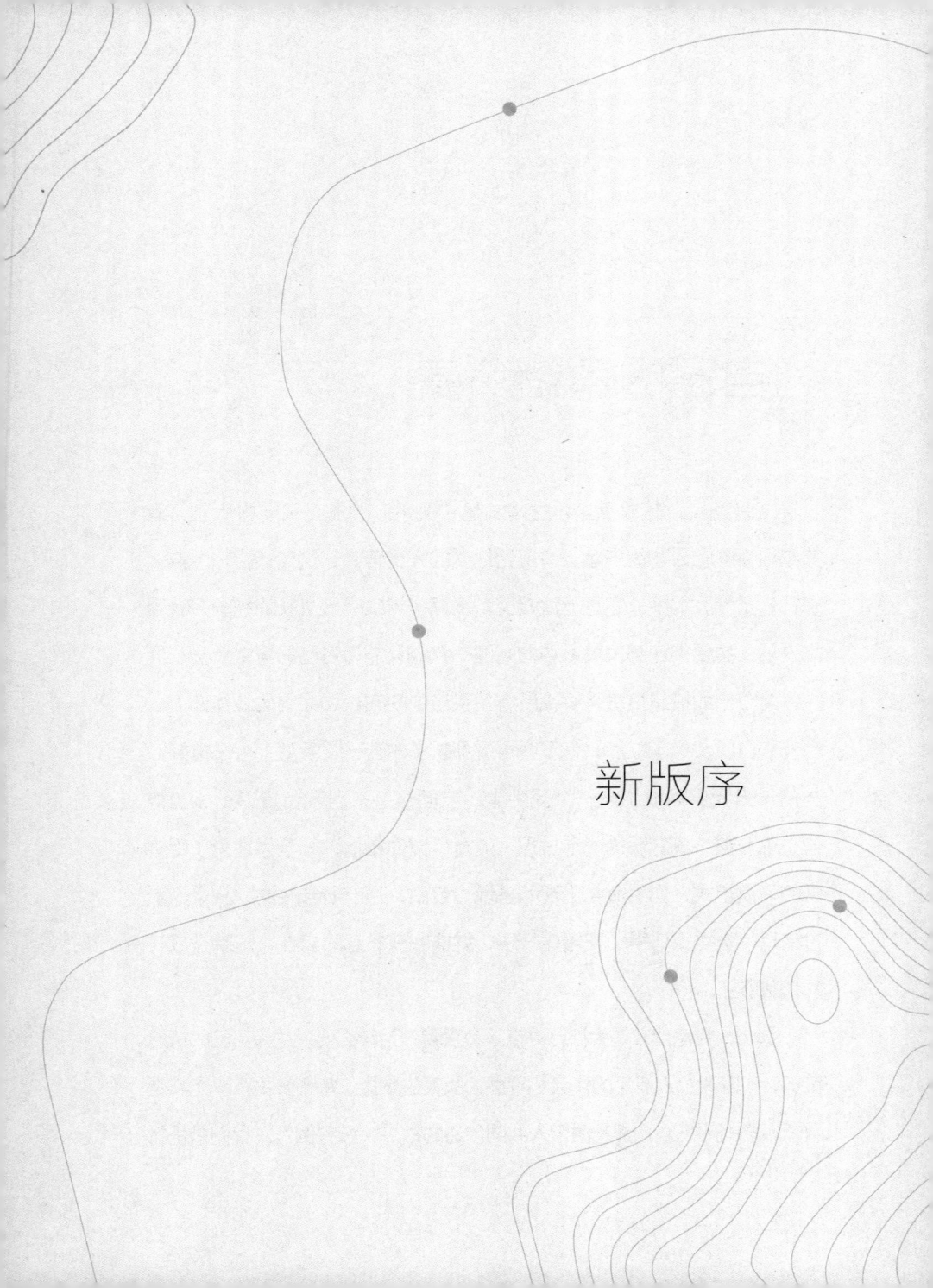

学会
为自己的情绪负责

《爱到极致是放手》，这本阐述"关系"的书，又要再版了。我其实很喜欢它最初的书名《舍得让你爱的人受苦》，这句话比较经典、奇特，虽然有很多人还是无法接受。根据多年来个人成长的经验，我真的发现，想要彻底解决关系中的问题，我们只能为自己的情绪负责，而且，为自己的情绪负责是解决所有关系当中的问题和冲突的最佳药方。当我们自我负责了以后，就不会再受那么多的苦，关系就会愈来愈好。当然，当我们习惯了当一个受害者，要回过头来自我负责，是相当痛苦、不习惯、不舒服的一个过程。但是，请你相信，一旦你摆脱了受害者的习惯模式，你生命中出现的喜悦、自由，是前所未有的。我个人走过来后，觉得太值得了。短痛一下，就能收获长远的自在，这就是成长的精髓所在。

那么，究竟什么是为自己的情绪负责呢？为什么要说"为自己的情绪负责"？以我个人多年的体会和观察，我真的看见，每一份关系，尤其是两个人之间的关系，都是两个人共同创造的结果，没有例外。我们总是看到很多女人在婚姻中非常委屈，也看到很多儿女在父母面前特别憋屈，他们说起来好像都是对方的不是。但是，以我一个外人的客观的视角看去，都可以看到，"受害方"是如何在这份关系当中做出"贡献"，才造成今天的局面的。虽然受害方总是振振有词地归咎于对方，然而深究之下，都可以看到，受害方的不忍、退让、不知如何维护自己的界限和权益，造成了加害方一而再，再而三的得寸进尺。人性是很现实的：你退让一分，不守住自己的界限，我乐得进一尺，为自己多争取一些利益，不会手软的。那么，是什么让受害方无法守住自己的界限呢？要我说，就是自己内在的情绪在作祟。也许是愧疚、自责，让很多人会为父母做出无谓的牺牲，最后双方都不快乐；也许是恐惧、不配得，让我们任由亲密伴侣的行为越界，不会为自己的权益发声；也许是贪婪和不安全感，让我们对孩子施加过多的压力，造成亲子关系紧张。或是因让步做出无谓的牺牲，又"嫁祸"到对方身上，埋怨"都是他逼我这么做的"——这些都不是一个情绪成熟的成年人会做的事。而我们反观所有出现问题的关系，提出抱怨、无法承受的那一方，都是情绪非常不成熟的小孩。他的所思所想、所作所为，完全不能够在彼此之间造成双赢的局面，相反地，常常还是双输。在一段关系中，父母也好，伴侣也好，孩子也好，朋友也好，于我们都是有感情的甚至感情非常亲密的人。如果我们这样被情绪操控，就会造成两败俱伤的局面，这真的是得不偿失。

总而言之，我们是被自己内在情绪掌控的动物，所有的行为，都是基于内在某种冲动而做的。所以，了解自己的情绪，和它做朋友，为它负责，我们就不会甩锅到对方身上。如何为自己的情绪负责？首先，我们要看到情绪的来源是什么。如果我们觉得子女就是应该要完全顺从父母，夫妻就是要24小时黏在一起，孩子的学习必须出色，那么这些不见得正确的观念、想法，就会造成我们的负面情绪。想要成长，就必须愿意去挑战自己的观念和想法，知道它们可能是不正确的，或是至少无法为你带来幸福快乐的。而你是否愿意去改变？我的做法就是会去和那些在这个领域做得好的人比较、学习。为什么他能做得到，我做不到？去改变！改变是成长最重要的关键点，如果你抓着自己旧有的信念不放，觉得自己"认为的"都是对的、不可更改的，那么你永远是原地踏步、无法前进的。

所以说，错误的观念和想法，会造成关系中很多的冲突。这些东西之所以难改，也是因为除了根深蒂固的惯性模式，还有强烈的情绪在背后推波助澜。如果我一直觉得自己不够好，而且儿女的成就可以让我有依靠、变成一个更好的人，你要我不去管孩子的学习成绩，就非常难。如果我觉得人生最主要的乐趣都是来自亲密关系，我一定要有一个男人疼爱我，我才有安全感和成就感，那么亲密关系对我来说就是至关紧要的。单身？不可能！我需要一个男人！如果我长大了以后还是对父母无比地依恋、依靠，并且向他们需索认同，那么父母的一言一行对我来说就非常重要，我所做的每一件事情都要以他们的喜好来定夺。

以上给的几个例子，让我们看到，关系中的问题，其实都出在我们自己内在的情绪上。过于依赖、讨好、要求过高，这些和对方半点关系都没有，全是我们自己的问题。所以，学习和自己的情绪相处，不让它牵着我们鼻子走，就是无比重要的事情。和情绪的相处，可以从"累积正确的知识"方面着手。如果你能清楚地看到伴侣童年时候曾经受到的伤害，然后去理解他创伤发作时大吼大叫的对象其实不是你，而是小时候欺负他的邻居，那么，你回应伴侣情绪失控的时候，会不会更有一些爱心和同情心？当对方失控时，你以真心的爱和温柔对待他（而不是对内心的愤怒、厌恶等消极情绪的强自忍耐），他会感受到你的善意，因此对这个世界有更多的信任。这可以帮助他疗愈他童年时的阴影，他情绪失控的情况就会愈来愈少了。所以，在一段关系中，每当我们发怒责怪对方的时候，其实我们眼里早已经看不到对方了，他已经成为我们童年时期让我们受伤的那个"敌人"，那个你爱的人早就消失在你旧伤复发的痛苦之下，你只想报复，只想要对方受苦，要他为他的言行付出代价。但是事后，你会觉得对方说的或是做的，没那么过分啊，只是触动到了你的旧伤而已。所以，如何正确看待事物，就是非常重要的正知正见的累积过程。在这本书里面，就有很多关于"关系"的正确概念，希望可以帮到大家。

另外一个疗愈情绪的方法就是从身体层面着手，让自己的身体舒服了，能量提升了，自然地，情绪就会比较爽快，你的痛苦就不会常常发作。更重要的是，在情绪来临的时候，要能够看见它、知晓它，让情绪的子弹飞一会儿，不要立刻根据它的指令采取行动。如果你屈服、妥协了，因为情绪的爆发做了或说了一些不好的事，过后一定要接纳自己，不能苛责自己。只要清楚地看见，刚才我是后知后觉了，没有能够及时拦住自己的言行。如果对其他人造成了伤害，你可以去道歉，或是在心里忏悔，和自己达成和解。对自己温柔一点，这样你的情绪情况就会有所改善——要么情绪失控的时间会缩短，要么情绪失控的发作间隔会拉长。慢慢地，你就可以成为自己情绪的主人，当知当觉地掌控自己的情绪，不被它奴役了。这样，你的各种关系肯定会更好。

希望这本讲"关系"的书，能让你有更多的领悟和洞见，更愿意去回头看自己而不是苛责他人，这样，保证你的各种关系都会愈来愈好！祝福大家！

2020年夏

自 序

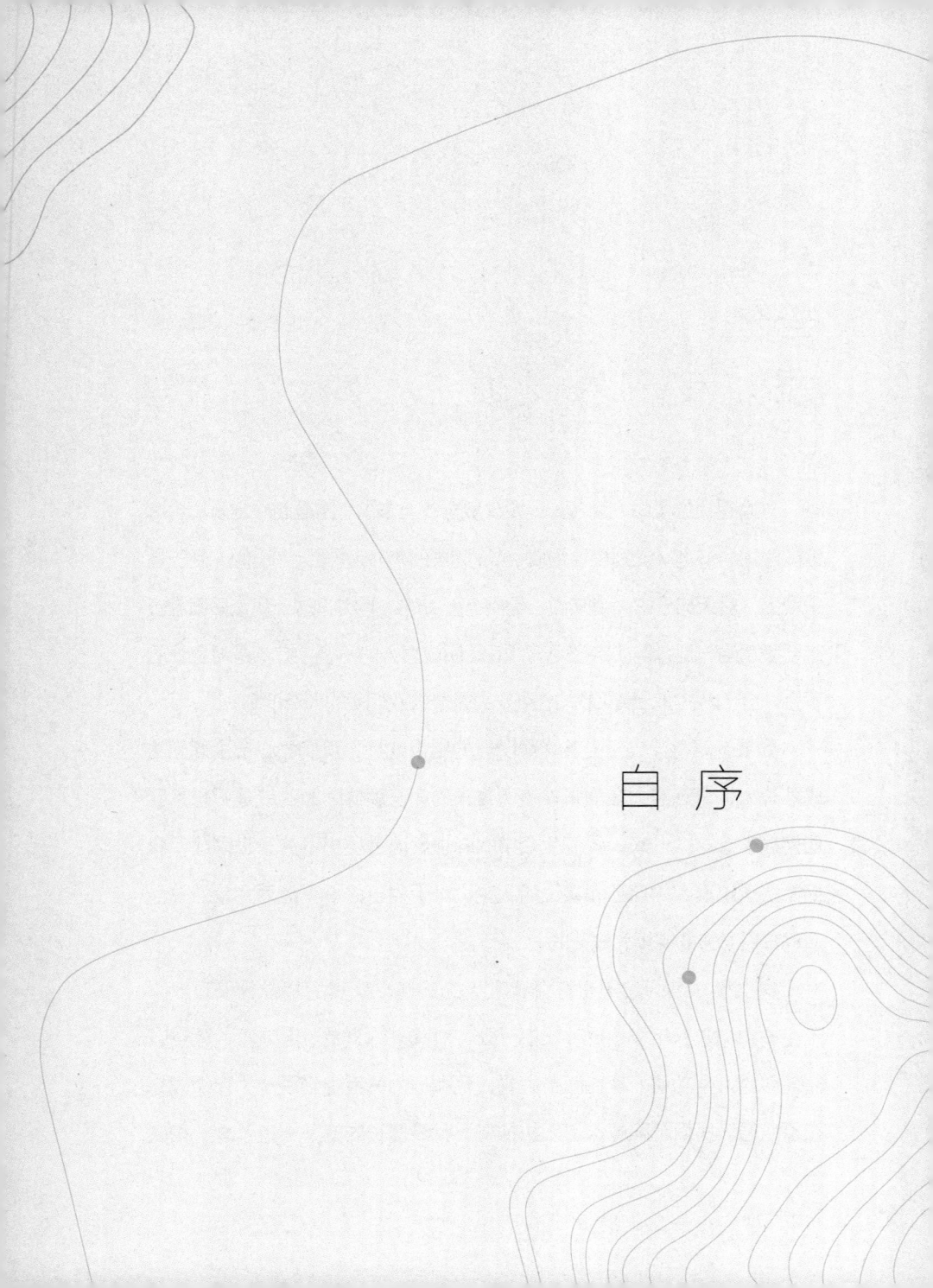

舍得
让你爱的人受苦

《舍得让你爱的人受苦》，要改版全新上市了。出版商决定改用台湾地区使用的书名《爱到极致是放手》，也好。毕竟舍得让你爱的人受苦这个观念，对大部分的读者来说，是相当新奇的。其实，这个观念后面真正想要表达的，是舍得让自己受苦。对于所爱之人的不舍，其实是对自己的不舍。自己内在那一块柔软的伤处，总是会被我们爱的人牵扯到。

如果舍不得让自己受苦，最明显的结果就是，我们的心智永远无法成熟长大，永远努力在消弭外境所带来的痛苦烦恼，为的就是不想承受任何痛苦。这样一来，我们生命中的麻烦反而是层出不穷，也因此，我们无法活出真实的自己和喜悦的人生。对于痛苦的承受能力太差，是会造成日后无穷的麻烦和痛苦的。

这次换书名，其实也符合我人生的遭遇：我真的是爱到极致放手了——和相恋六年多的灵魂伴侣分开，对我来说真是一大考验，胜过以往任何的人生功课。现在回头去看，我和他的关系走到了一个死胡同，在恶性循环里面越陷越深，无法抽离。我最擅长的就是一走了之、彻底切断，但是我感觉自己就像活生生地被剥了一层皮似的，好长好长时间都无法振作。

在最痛苦的时候，有朋友介绍我看看自己的这本书（哈哈！），多多少少有点安慰作用，不过，也显示了我们在修行的时候，常常会面临"知道却无法做到"的窘境。为什么会这样呢？对我来说，亲密关系一向是我刷存在感的地方，也是最大功课之所在。每个人其实都带着一定的伤口和黑洞来到这个世界，而我们也都会寻找不同的方式来填补它们。当我的这个大黑洞因为爱人的离开而裸露出来的时候，我才惊觉，多年来我一直用亲密关系来逃避面对它。即使知道了很多道理，我也一直把自己的这个伤口隐藏得非常深、非常好，不去碰它。但现在，在这个年纪，面临空巢期（两个孩子都去美国读书了），老天强迫我一个人去看自己这个与生俱来的大黑洞，真是有点残忍的考验。

我不能说自己已经完全走出来了，至少我学会了和这个痛在一起，不再逃避（虽然我承认有时还是想逃）。而在遇到我的上师萨古鲁之后，我对自己的问题有了更明确的知晓和理解。萨古鲁的理论当然是和其他大师一样深邃而具有累世的智慧，但是他最棒的就是他有实际的方法，用瑜伽、呼吸、静坐等实操的技法，让我们在身体、头脑、能量上都能够获得转化，并且和它们拉开距离，不再误认为我的身体和头脑就是我们自己。这是一个从"知道"到"做到"的重要的步骤和关键，所以我现在每天花一个多小时勤练他的功法，感觉身心更有力量了。

想要从"知道"到"做到"，还有一个重要的条件就是：你必须承认自己哪里出了问题，哪里需要改进，并且带着强烈的愿心去改变。我看过太多的修行人（当然包括我自己），修行成就和人格、行为是两回事。当我们不觉得自己的人格或是行为有什么不对的时候，我们可能在灵性上达到了很高的境界，获得了很高的启示，但是行为、言语可能还是不自觉地显露出傲慢、自私、匮乏、恐惧、嫉妒等负面特质。直到你自己去看见、体会，知道这种状态不是该有的，是需要我们去修、去对治的，否则我们也许可以打坐几个小时不动，或是体悟到了万物合一的境界，同时可以舌灿莲花地说些大道理，但是在别人眼中，可能还是小我很大，对金钱恐惧，喜欢控制，夸张浮躁，吝于付出，自私自利，甚至不能算得上是一个"好人"。

所以，想要拥有一个美好的地球体验，我们需要成长，而不是一再向外抓取。但是，成长不只是灵性的一个轨道，成长包括对自身各个层面的认识、承认、接纳、修正、融合，尤其是和其他人交往、相处时，我们"给出去"的究竟是什么，对方收到的又是什么，你有觉察和知晓吗？

举例来说，我最近和两个灵修圈的女性朋友分别见面吃饭。两顿饭中，我开口的机会不到10%，这10%还是我努力去挣来的（趁她们喘气或是好不容易出现个逗号时）。她们两个人都是坐下来就说个不停，兀自描述自己最近的经历、琐事等，完全不在意和我有没有关，或是我有没有兴趣听。也完全没有要我参与谈话的意思，她们自己说得爽就好。像这样的行为，如果没有自省、自觉的能力，你修行再好，你自夸你现在觉知有多强，都只能让我哈哈一笑。

修行、成长真的就是一条自我认识的道路。这个自我认识不是单行道，而是多面地、360度地认识自己。因此，这本《爱到极致是放手》，就可以让你去映照一下自己和父母、子女、爱人，以及和自己的关系，自行对号入座，看到自己多个角度的不同层面，对其他人的感受能够有个不同维度的体察和认识。除此之外，如果你这几个层面（和各个重要关系户）的关系出了问题，那么我很确信，你可以在这本书里面找到一个可以让你映照反思自己行为或思考模式的地方。

　　三年多了，很多朋友写信给我说，他们非常喜欢这本书，帮助了他们很多。如果《遇见未知的自己》是启蒙书的话，这本《爱到极致是放手》就是深化、务实、入世的实操手册。最近一个在台湾灵修圈挺有名的大姐拉着我的手说，她经历情伤，这本书是陪伴她走过来的床头伴侣。而很多成年的孩子们，还是纠葛在与父母的恩恩怨怨以及控制之中，我也建议他们看这本书。至于一直不肯放手让孩子自由成长的父母，我也建议他们看这本书，诚实地去面对自己的问题，而不是把问题都放在孩子、父母和爱人的身上。

　　我承担我生命中所有问题的责任。

　　我改变了，这些外境就会随之改变。

　　这是我走过的路，我邀请你一起同行。

　　带着爱！

爱到极致
是放手

目录 CONTENTS

01

我们所不能抗拒的自己

唯有诚心地接受所有的发生,才能放下恐惧,而恐惧是唯一阻碍你达到目标的障碍。

你的亲密关系走得下去吗/003

不为自己负责的极致/007

活出孩子的天真/011

自爱与自私/014

在梦中尽情挥洒自己的潜能/019

你拥有的,他未必就拥有/022

唤醒你的女性能量/025

生命是一场臣服的游戏/031

面对自己的情绪是良好沟通的开始/034

戴着镣铐也要勇敢向前/037

02

你永远不是为了
你认定的理由而生气

跟你爱的人在一起时，如果永远都是依据理论、对错行事，你会失去对方的心，也改变不了对方，而且惹人讨厌。

父母讲的不一定错，但未必是我们需要的／043

只有自己先成长了，父母才会成长／047

从父母那里收回你生命的自主权／051

你在做父母的拯救者吗／054

试着和父母"离婚"／058

你是否背负了父母的痛苦／063

你永远不是为了你认定的理由而生气／066

没什么力量可以让对方做出改变／070

自私的爱／073

要改变的是家长，不是孩子／078

虎妈狼爸在向孩子要什么／081

错位的母爱／084

教孩子学会说"不"／087

孩子不是我们的装饰品／092

透过被遗弃，你能看到什么／096

03

你装得下世界，世界才会容你

亲爱的，外面没有别人，这个世界的人、事、物都是一面镜子，映照着我们内心的世界。

亲密关系究竟是怎么回事／103

每个亲密关系都是量身定做的／107

要忍心让你爱的人受苦／110

为你爱的人留一个空间／113

以最大的善意回应别人的求爱／117

期望其实是一种负面的能量／121

你装得下世界，世界才会容你／124

非暴力沟通：所有关系都是你和自己的关系／129

婚姻是爱情的坟墓吗／134

亲密关系中的功利性／138

只要不遗失自己，我们就能拥有一切／142

如何不被外遇／147
让爱重新在关系里温柔流动／151
亲密关系中的恐惧／156

04

谁是你心灵上的邻居

你的人生功课很简单，就是：认输和吃亏。
这两者是好胜、计较之人的罩门。

批评是灵修的最佳肥料／163
如何拥有自得其乐的能量／165
自利和利他／169
做别人生命中的加号／172
为自己留白，为他人留福／175
什么是真正的行善／178

05
世界上的另一个自己

人生最大的挑战就在此：在这个有好有坏、黑白分明、无法尽如人意的二元对立的世界中，找到活着的乐趣。

你是否是生命的最佳导演／185

如何获得内心强大的力量／188

如何培养"空"的能力／192

想幸福，要能断、舍、离／195

欣赏生活中的美／201

怎样演好人生这场戏／205

如果只有十年可活／207

修行并非为了不再受苦

面对痛苦、经历痛苦才是最好的修行,没有一劳永逸的离苦方法。

修行是一场骗局吗/213

修行并非为了不再受苦/218

灵修就是要为自己负起全责/221

与灵联结的连续呼吸法/225

无计可施了?祈祷吧/228

为什么我会孤单痛苦/228

德芬全新体悟

想要维系住婚姻,势必需要忍辱负重或是做出改变/237

走出了"情感需要依赖男人"的怪圈,都活出了自己/242

01
我们所不能抗拒的自己

唯有诚心地接受所有的发生,
才能放下恐惧,而恐惧是唯一阻碍你达到目标的障碍。

信念是很可怕的东西。当你根深蒂固地相信某种想法时，它就是你的主人，主宰了你的生命，让你不能以最快乐幸福的方式生活，甚至理直气壮地伤害周边的人。随时检视自己的信念非常重要，这么做会让你更自在与自由，而不是像一部机器一样地生活。

德芬心语

你的亲密关系走得下去吗

你要不要择一人终老

单身后，我研究过很多人的关系模式，想理解一段关系如何能长长久久地永续经营。我发现了以前我看不到的视角：原来每一段关系都是需要忍让、妥协，甚至牺牲，才能够长远发展下去的。

环顾四周，几乎没有一对长期伴侣是没有经过非常低谷的低潮，或是几乎走不下去的情境的。吵吵闹闹、外遇的外遇、抑郁的抑郁……经过各种厮杀磨合，最终有一天两个人找到了磨合点的平衡，不吵了。这种情形发生在有孩子的夫妻身上最多。

根据我的观察，爱侣走进长远稳定的关系之后，双方就开始权力斗争了。因为当关系稳固了，双方都会拿出最恶劣的习性、嘴脸，坦然地对付彼此。我就看过在外面脾气非常好，人品极优，个性也很好的人，对自己老婆说的话是你无法想象的恶劣，再加上那种不耐烦的嘴脸和口吻,我怀疑他们之间是否还有爱存在。可是后来我了解,爱,还是在的。随着时间的流转,随着双方拉开距离之后的成长,爱,一直都在。

所以我知道,在亲密关系中,必须容忍暂时的不和谐,这个"暂时"也许是好几年,甚至几十年,代价不可谓不高,但是最终你将得到一个白头偕老的结发夫妻与你终老——就看你要不要。

走下去,就会有路

有个朋友有才有貌,可是老公对她不好。后来有一个潇洒浪漫的男人爱上她,两个人坠入情网。但是因为孩子小,她不忍心离婚,而且事业上和老公有诸多牵扯,一时也不好分。老公知道她有人后,开始悔悟,对她好起来。最终,她还是选择了家庭,留在婚姻中,发展自己的事业,并且照顾孩子。

还有一对郎才女貌的朋友,刚刚交往的时候也是水火不容,吵得不可开交,后来,居然因为两个人决定分房睡而天下太平。他们吵得最严重的时候,我都觉得前途堪虑,但是他们走过来了,现在两个人相敬如宾,感情还是很好。

另外一对夫妻,男的是刚愎自用、自以为是的那种人,女的比较理性,可是她无法容忍婚前柔情蜜意的老公,婚后就变成了一个坏脾气、需索无度的孩子。我亲眼看过他们吵架,真的像两个孩子,在我面前各

自宣告对方的不是，对我来说，真是无解的烫手山芋，以我的个性，就会一走了之。但是，他们熬过去了。女的后来得了癌症，男的潜心研究自然医学，悉心照顾自己的妻子直到她康复。现在两个人携手继续开创事业，游山玩水，令人好生羡慕。

所以，每次看到人家长长久久的夫妻或伴侣关系时，我不再自怜自哀了。每次在亲密关系中，在斗争最激烈的时候，我就断定我们个性不合，不适宜继续下去，所以到现在还是单身。可能是以前年轻，真的不懂得珍惜缘分。

让成长引领你找到答案

当然，也有人说，对方有时真的是太过分了，或是两个人其实真的不适合。记得林心如写过一篇文章，说到她的母亲，只因为父亲每次掐烟头的时候都往她最爱的盆栽里面戳，就离婚了。后来，她母亲真的找了一个懂她、爱她、疼惜她的男人，两个人幸福地过了后半辈子。那么，如何判定我们是该留下，还是另起炉灶呢？

我觉得最好的答案就是时间的考验。

当你发现两个人的权力斗争进入白热化的阶段、冲突不断的时候，双方一定要拉开距离，给对方时间和空间，也给自己一点时间和空间，来考验彼此的情感。爱情真的不是一个要求完美的地方，婚姻更不是。

在自己的时空里，你需要成长，扩大视野，多看些书，和有智慧的朋友聊天，然后再回头看看那一段亲密关系和那个人，是不是你真心想要的。虽然他有那么多的缺点，虽然两个人相处有很多冲突，可不可能你们其中一个人成长了，带领另外一个人走出感情的泥沼，为双方的未来开创一个双赢的光明的格局呢？

这是我现在会做的。

> 德芬心语
>
> 著名的心理学家，也是我心目中的大师荣格说："You have to feel, in order to heal."翻译成中文是："你必须去感受，才能够得到疗愈。"和你的伤痛面对面地坐着，不要害怕，就是这样看着它，感受它在你身体里攒动，心口的抽动或是腹部的痉挛、肩膀的紧缩，就是这样和它们共处于当下。看它们会停留多久。

不为自己
负责的极致

　　台湾一个男明星的女友因为受不了男友劈腿而跳楼自杀。她留下了遗书，还有录了音的遗言，说自杀只是要男友知道她有多痛。女主角长得美极了，才37岁，受过高等教育，拥有硕士头衔。未来有多美好的前景在人生的前方等候着她啊！她却为了一个负心汉，杀死了自己，这真是不为自己负责的极致。

　　表面上，她是因为男友的背叛而自杀，其实真正"行凶"的动机是：她无法和自己的痛待在一起。如果她早学到怎么和自己的情绪相处，相信她也不需要用这种极端的手段来逃避自己被背叛、被遗弃的痛苦了。

　　看到这样一个美女香消玉殒，我真的非常痛心。我多么希望在她决定纵身一跳之前，抱着她说："孩子，这一切都会过去。那个男人真的不值得你这样。我知道你非常痛，我也曾经那么痛过——

痛不欲生的痛，但是相信我，这一切都会过去。只要你打起精神，学会这个功课，你的生命就多了一层成熟的皱褶，它会让你更美、更深层地去迎接你未来美好的生命。"

我也是一个用情很深的情种，每次和爱人吵架或是分手的时候，那种痛真的是难以忍受，让我也考虑过自杀。走过半百的人生，经历过那么多刻骨铭心的爱情，我只知道：再痛的经验都会过去。忍受痛苦之后浴火重生的你，会更成熟、更有深度。我保证你会爱上这个自己，而不是以前的那个你。

至于那些痛，就像生孩子的剧痛一样，真的是过了就算了、忘了。只要熬过最难熬的那段时间，那些形同幻象般的痛一定会消散，剩下的就是记忆的碎片，如是而已。

我曾谈到"爱自己，就要接纳自己的情绪"，很多人都不知道该怎样和自己的情绪相处，更别说接纳了。其实这是一个修炼内在的功夫，如果你一向都是用各种手段来逃避自己的情绪，那么如果你想要有所转变，一开始，你就一定要对自己"狠"一点。

所谓对自己狠，就是把所有情绪的责任都放回到自己身上。当你有负面情绪的时候，先放掉、放过那个引起你情绪的人、事、物，把注意力放回到自己的内在，去感受那份不舒服，为那份不舒服负起全部的责任。

这是对自己很"狠"的做法，因为我们去责骂、怪罪别人，要比自己承担情绪的责任容易得多（也爽得多）。可是，如果你真心想要成长、快乐，那就必须先对自己狠一点，用一段时间来练习把情绪的责任都揽在自己身上。

其实，真的不是那个人、那件事引发你这样的情绪。因为在不同的心境下，他做同样的事、说同样的话，你可能完全没有反应。或是同样的事，在不同的时间点发生在你身上，你的反应也会是不同的。而且，同样的事发生在不同的人身上，其他人的反应也不会和你完全一样。所以，我们怎么能不为自己升起的情绪负起百分之百的责任呢？

有个网友说自己的爱人和别的女人搞暧昧，真是可耻！她不知道该怎么办。我的回答其实就是：先为自己负责。你的内在究竟发生了什么事？你的不安全感、害怕被背叛的恐惧被挑起来了，你先去看懂这个情结，修复这个伤口，再去看看你爱人的行为。你自己没有自信，却要爱人不停地为你埋单，这样的婚姻是维持不了多久的。我只能说，你必须成长，必须为自己负责，而不是把注意力、眼光和过错都放到对方身上！

让我们先从小事开始练习吧（不要挑上面这种"大事"），毕竟这是违反你一贯做法的新方式，我们都需要一段时间来练习、调试。先从让你有点不高兴、惊慌、伤心的小事情开始练习，不去应对那个引起你这种反应的人、事、物，而就只是和自己的情绪待在一起，看着它、安抚它、陪伴它，让它知道你已经认可它了，知道它的存在了。如果真的很愤怒，就去敲打枕头。如果真的很伤心，就痛哭一场。如果哭不出来也打不出来，就去大吼几声，让能量释放。

当然，我们不是任人践踏的门垫。安抚了自己的情绪以后，那个引发我们情绪的人如果真的做了一些不对的事情，我们要好好找对方理论。但是，当你已经放下了自己的情绪之后再找对方谈，你的能量是归于中心的，你的淡定从容会让对方不战而降。等情绪平复之后，再去处理事情，就更事半功倍了。

试试看吧，亲爱的。我已经厌倦了做情绪的奴隶。你呢？

活出孩子的天真

回台湾探望家人时,陪妈妈在小区里跳老年人的"拍打舞"。旁边一位年长的邻居看到我,就问我妈:"这是你孙女吗?"我偷笑,我妈说:"这是我女儿。"这位老太太大概耳朵不太好,音乐声又太大,竟然又问:"是你女儿的女儿哦?!"逗得我乐了。

我看起来年轻其实不是因为没有皱纹或是白发,这种无龄感,我想重要的是要有年轻的神态——这神态,只有从内心而发,不能从外表造作。

我的确有着和自己年龄、经历及能力都不相称的天真,很容易相信别人说的话,也很容易被别人打动。但有趣的是,在这样复杂的社会里打转儿,我从来没有觉得被欺骗或是吃亏上当。到现在,我还是有非常孩子气的一面——纯真、信任、给予,很多跟我接触过的人都可以感觉得到(当然是在我状态好的时候)。我也像个孩子一样地掩饰不住自己的情绪，不愿意不真实地活着。

有一次，我回台湾举办新书发布会，那一天我的心情很不好。现场有一名读者就说："德芬，我很感激你把我带进了灵性成长圈，但是今天看到你很失望，因为我觉得你很不快乐。"我当下就承认了自己很不快乐，并且问他们，"能不能接受我也有不快乐的一面？"我知道，很多人只想看到他们心目中的德芬，但是我只想做真实的我。

所以想要保持年轻，就要有孩子的纯真和真实，可惜很多人年纪轻轻就已经失去了童心。想要拾回童心，我们就要先找回自己内在的小孩，修复他的创伤，学会自己疼爱他，而不是等待那个永远不会出现的完美父母来圆满他的人生（很多时候，我们都误以为亲密伴侣就是我们等待了一生的完美父母，可惜，最后希望还是落空啊）。

每个人曾经都是孩子，都曾经无忧无虑地快乐过，但是大人和周围环境的打压使我们那个孩子受了伤，躲在内心深处的阴暗角落里。我们的身体长大了，但是，那一部分的我们没有长大，还在黑暗中哭泣、恐惧。我们害怕这个部分的自己，所以更进一步地打压它，让它不见天日。因此，内在孩童反弹的时候是谁也压不住的。它会让我们做出很多不理性、自己都会后悔或觉得愚蠢的事，等到发现的时候已经太迟了。

所以，联结自己的内在小孩非常重要，如果和他建立一种良好的关系，他就会激起你的童心，让你依旧对世界充满好奇与幻想，每天都能活在当下地享受生活。开心的时候大笑，伤心的时候尽情哭泣，这才是够味的人生。可惜我在外面碰到的人大部分都像机器人一样，言语索然无味，对生命没有热情，生活毫无情趣，每天机械式地生活，眼睛里只有无明，脸上挂着茫然、冷漠。这样活着多可怜哪！

德芬心语

有读者问："德芬姐，面对未来，你恐惧吗？面对衰老，你恐慌吗？面对无常，你能淡定吗？"我的回答是："面对未来和衰老，我一点也不恐惧和恐慌，但这并不意味我不会采取行动使自己减缓衰老或是有个美好的未来。面对无常我也许无法淡定，但是我能接受无常带给我的负面感受（悲伤、痛苦），无惧地接受挑战。"

自爱与自私

很多人搞不清楚自爱和自私的差别。其实,真正爱自己的人是一点都不会自私的。一个人之所以什么都先想到自己,是因为他自己家里没有人在,那个"核心人物"——我,老是跑到别人家去讨爱、讨东西。

说实在的,以我们现在的生活条件,有什么外在的东西是非要不可、没有会死的?基本没有。但是自私的人不顾一切,凡事只想到自己。为什么?因为他内在匮乏。就像一个永远也吃不饱的人一样,因为心里匮乏、饥饿,所以你给他再多的食物,他也不满足。

内在的匮乏谁能帮你满足?永远不是外在的人、事、物,而是我们自己。所以,如果你真的爱自己,随时随地都在心里陪伴自己,给自己关爱,你会是一个非常归于中心的人。这样的人,不急不躁,不会去和别人争名夺利,更不会像个乞丐一样去跟所有的人乞讨爱、肯定和关怀。

我有些条件很好的单身朋友一直找不到对象。仔细检视之后，我发现他们都是无可救药的自我感觉过于良好的人。为什么他们会给别人自我感觉过于良好的感受？因为你和他们接触几分钟之后，他们的所言所行就开始不断地为自己鼓掌，不是炫耀自己的功绩、优点、荣耀，就是自顾自地说他们感兴趣，可是对别人一点意义都没有的无聊事情。

为什么会这样呢？因为他们的自我内在感觉不良好，所以需要一直争取外界的注意力和肯定，这还不够，自己还得不断地夸奖自己，这些人的内心匮乏得可怜。他们和朋友在一起，对朋友说的东西一点都不感兴趣，只是关心自己的事。如果你告诉他们最近你去哪个国家旅行的有趣见闻，他等到你稍微喘息一下的时候，就会立刻插话告诉你，他去别的国家更有趣的事或是发生的类似但更精彩的事。

他们就像没有意识的机器人，在朋友聚会的场合里，自顾自地说自己的事情。别人说什么，他都要把话题拉回到自己身上。这样的人是爱自己的吗？我要说，正是他们太不爱自己，所以才要不断地在外界乞讨注意力和关爱，这样的人，能够吸引到什么样的异性呢？一定是跟他们条件不对等的异性。而这样的人，他们又是看不上的。所以，他们明明条件非常好，却找不到对象。

到底如何爱自己呢？我写了那么多本书，都是在谈我们和自己的关系。想要爱自己，首先就要建立起和自己的关系。我们和所有的人、事、物，包括父母、孩子、爱人、事业、金钱、健康等都有一个关系。我们也都知道，要想幸福、健康、快乐，我们需要去经营所有层面的关系。可是我们最常忽略的，就是跟自己的关系。我们的眼光总是向外去看外面的人、事、物，却很少回来看自己。

原因就在于：在小时候，我们学会了除自己外，没有人会照顾我们内在最深的需求。我们成为自己内在受惊小孩儿的警戒保护者，将注意力和觉知放在外在世界，学习控制与操纵周遭事物，尽一切力量保持自身的安全——不让自己感受痛苦、失望和失落。所以我们采取很多不当的反弹行为，伤害别人，更伤害了自己。①

所以，灵性修炼最重要的部分就是自我观察，不断地回头审视自己，始终把一部分注意力留在自己身上，回到自己的内心。这样你就会感到扎实、安稳，归于自己的中心。这样的人，不需要一直去表达自己、赞美自己，去争取别人的认同，也不需要跟别人去争夺什么，因为他有足够的自信和安全感，知道该属于他的，谁也抢不走。

这种感受，是需要一个过程慢慢培养才能够达到的。我自己从小就是一个很爱现的人，由于自己条件好，又不懂得收敛，所以很惹人讨厌。灵修之后，我慢慢内敛，开始关注自己、爱自己。现在和朋友聚会

---

① 这段话引自克里希那南达、阿曼娜合著的《拥抱你的内在小孩》。

的场合，我就不会像以前那样地滔滔不绝、为自己歌功颂德，或是说一些自我感觉良好的话。我也会注意把说话的机会让给别人，让伶牙俐齿的自己有更多休息的机会。

另外就是，我在《重遇未知的自己：爱上生命中的不完美》里和大家分享的：当你有更多的能力、觉知和时间回观自己时，你会看到自己很不想承认的那些阴影、阴暗面，而这是最关键的时刻。你一定要拿出最大的包容和耐心，接纳自己一切的不完美。看到"我是一个会嫉妒的人"时，就对自己说："哦，我是个会嫉妒的人，好的，我接受它。下次看到别人嫉妒的时候，我就知道自己不过是五十步笑百步。"就这样一点一点地去看，一点一点地去接纳，你就会真正地爱上自己，和自己和睦相处。

最后，我和大家分享《西藏生死书》的作者索甲仁波切写的一段话，非常发人深省：

也许我们害怕死亡的最大理由，是因为不知道自己到底是谁。我们相信自己有一个独立的、特殊的、个别的身份，但如果我们勇于面对它，就会发现这个身份是由一连串永无止境的元素支撑起来的：我们的姓名、我们的"传记"，我们的伙伴、家人、房子、工作、朋友、信用卡……我们的安全感就建立在这些脆弱而短暂的支持之上。当这些完全被拿走的时候，我们还知道自己到底是谁吗？

如果没有这些熟悉的支撑，我们面对的，将只是赤裸裸的自己：一个我们不认识的人，一个令我们焦躁的陌生人，我们一直都跟他生活在一起，却从来不想真正面对他。我们总是以无聊或琐碎的喧闹和活动来填满每一个时刻，以保证不会单独面对这位陌生人。

你和自己是陌生人吗？赶快和他建立一个关系，慢慢爱上他吧！

— 德芬心语 —

我们每个人好不容易弄了张门票（人身）来到这个地球乐园玩耍，我的个性是不甘愿玩玩咖啡杯和旋转木马这些玩意儿的，我要刺激的，像云霄飞车、海盗船、坠楼之类的。所以，当我在云霄飞车上尖叫的时候，请不要同情我，这是我排队等了好久才坐到的。

在梦中尽情挥洒自己的潜能

美国作家杰德·麦肯纳把人生比喻成是在做梦，这种比喻古来有之，不足为奇。不过他的独到见解在于，他认为开悟是"从梦中醒来"（Awakening from the dream），这样的醒来是大彻大悟的，整个人都脱离了梦境，你梦中的角色都不用扮演了。如果这个地球是一个大游乐场，你就是离开了游乐场，不玩了。

他不建议灵修的人追求这种目标，因为我们在梦中、游乐场中是很好玩的，这是我们来这个地球的目的，不是吗？何必急着醒过来呢？如果你因为梦境太辛苦，过得太不开心，所以想醒过来的话，你就是没有掌握做梦的艺术。

杰德·麦肯纳的建议是：在梦中醒来（Awakening in the dream），你还是在梦中，但是知道自己在做梦，也就是所谓的"清明梦"。如果我们真的能看透人生不过就是梦一场，那么我们可以在梦中尽情挥洒自己的潜能，把梦境中发生的一切都视为虚幻，但是不影响我们享受梦境。

我现在正慢慢地进入这样的状态中。我知道自己在做梦，所以面对梦境中发生的事情，我不再那么较真儿了。虚虚实实，反反复复，这一切都会过去，最重要的是我内在的平安和喜悦，我不要失去它们。

我知道最终有一天，这场梦会结束，我会回到当初来地球之前所在的地方，是什么就是什么。既然如此，我得趁现在好好享受做人的乐趣。二元对立世界的张力，心灵和物质的对立，七情六欲，这些东西可能是我们在另一个世界里玩不到的，所以在这里，我们要尽情地玩乐。

在玩乐中，我也不执着于自己的经验和经历一定都要是正面的或是好的。既然另一个世界里没有负面的、坏的东西，所以在这个世界中，我们不急于趋乐避苦。管它是什么，来了就好好经历享受。臣服是能够让你在这个梦境当中玩儿得转的最佳策略。谦卑和诚实也会让你的日子更好过。

祝愿更多的人能够在梦中醒来，一同享受我们的人生大梦。创造最佳梦境，值回票价！

嫉妒是一种最不划算的负面情绪，无论你嫉妒对方什么：美丽、学识、才华、财富、好姻缘等，你的嫉妒能量都会把这些东西推得更远，因为它们也都是能量，你的嫉妒会让你吸引不到它们。所以，用祝福和祈祷代替嫉妒吧，这样你就是在敞开大门欢迎它们的到来！

——德芬心语

你拥有的，
他未必就拥有

女人仿佛生来就会互相嫉妒，很多女人也会为此而烦恼。无论是嫉妒别人还是被别人嫉妒，都不是愉快的感觉。

嫉妒总是从羡慕开始，羡慕别人有，而你没有。羡慕之余，再加上一点怨怼，就变成了嫉妒心。如果只是单纯的艳羡、仰慕，还不至于构成嫉妒。为什么会有怨怼呢？多半来自竞争和比较的心理。

竞争、比较的心理大多源于童年时候的环境影响。当父母教导孩子要用竞争、比较的方式来得到他们的关爱、注意和赞赏的时候，孩子就学会了。这样的心理模式会一直跟随孩子长大成人、进入社会、成立家庭，想起来也蛮可怕的。

那么，我们该怎样面对自己的嫉妒心呢？其实，面对嫉妒心最重要的就是要有觉知、觉察。为什么我会无缘无故地那么讨厌那个女的？为什么我总是看她不顺眼？除了是我们的阴影投射①之外。如果看到自己是因为嫉妒而对她不友善，这时候就要看看自己究竟是在嫉妒什么。

通常我们会嫉妒对方拥有自己没有的东西，这种竞争、比较的心理看透了以后真的很没有必要。举一个好玩的例子：我在小区的会所健身，做搏击操，是一种很好玩的运动。我的运动细胞不太发达，手脚的协调性不是很好，动作不灵活，所以有时候，老师的动作我不一定能够跟得上。环顾四周，同学们似乎都比我年轻灵活，只有我前面的一个女孩似乎比较笨拙。当时我就心里一乐，想有人帮我垫底了。后来我才看清楚，她原来是个"喜憨儿"（患有唐氏综合症的成人）。这下好了，没得比较了。她转过头来，对我嫣然一笑。哇，喜憨儿的笑容不知道你们见过没有，好纯洁、好干净，真是美死了。于是，我又开始羡慕起她的笑容来，发誓要愈活愈年轻，像喜憨儿一样纯真干净。

这段很好玩的心理过程，虽然不是嫉妒，但也是出于竞争、比较的心理，我才会这样去艳羡别人拥有自己没有的东西。其实，每个人都是独特的个体，如果你都不能欣赏自己，做自己最佳的啦啦队、最忠实的粉丝，那你希望谁来支持你、爱你呢？

随着灵性成长的进步，现在如果我觉察到自己有嫉妒的情绪，我就会把它转化成祝福给对方。因为正向的能量是相互吸引的，如果你艳羡

---

① 关于"阴影投射"，请参考张德芬.活出全新的自己：全新修订版[M].长沙：湖南文艺出版社，2019.

别人拥有的，却把嫉妒的负能量投射过去，那么你所羡慕的东西就不会来到你这里，因为你的负能量会排斥它。相反的，如果你投射祝福的能量，那么你所羡慕的东西可能就会被你吸引过来。

如果你嫉妒的情结真的很严重，那么你也许要试着把眼光收回来，把注意力放到自己那个自卑的、自怜的内在小孩身上。看到别人的风光和才华，我们自己内在会有声音在说："你看，你都不如他。"这时候，我们可以注意自己内在的对话，不要让这个使你痛苦的声音主宰了全部的发言权。培养一个能站在你这里、为你说话的声音："他是他，我是我，我拥有的，他未必有。"然后数算自己生命中的恩典，这样反而会让你有余力去祝福对方。

另外，被嫉妒也是很多人的苦恼。我从小就是一个特立独行、不太受群体欢迎的人。我知道自己遭受不少人的嫉妒，到现在还是如此。表面上也许是因为我拥有太多别人想要的东西，其实我觉得底层的问题还是在自己身上。当我带着一股炫耀的、自以为是的能量出去的时候，就会有很多人嫉妒我，因而攻击我。但当我怀着谦卑的心，非常归于中心地出去应对进退时，得到的嫉妒能量就少得多。

所以，如果你因为被嫉妒而烦恼的话，你首先要做的就是检查自己的起心动念。有时候我们隐藏得那么好，别人看不出来其实我们有一颗很想要炫耀的、张狂的心，但能量是瞒不住别人的，总会找机会显露出来。所有外在世界的活动都是内在的投射，这话一点也不假。

唤醒你的女性能量

很多女性都非常关注"女性能量"这个话题。虽然我的外表看起来很女性，但实际上我年轻时的女性能量并不高，我也是到了40岁才开始滋养自己的女性能量的。

因为从小就被灌输一定要出人头地的这种观念，所以我学会了争强好胜，凡事都喜欢分个是非高下、黑白曲直，忽视了中间那个暧昧的、阴暗的、晦涩的地带，对人的包容力、对事的忍耐力都不够。

到了40岁开始灵修时，我做过一个象征性的梦——自己在地下室里，跟四位女性说话，我告诉她们："地下室这么暗，外面的阳光那么好，你们出来走走吧。"四位女性同意了，并跟着我到楼上去了。

我一醒来就知道这个梦对我而言意义重大。四位女性分别代表了我内在的各种女性特质，而地下室映射出了我的潜意识，表明我内在的女性特质同意被释放出来，并自然地去展现。

这些年，我一直慢慢地在修炼学习灵性成长，与此同时，我发现自己的女性能量也越来越多。从之前的不到30%，到现在的60%以上，对人、对事，我都多了一份包容。比方说，面对一件事情的时候，可以允许它暂时处在一种晦涩不明的状态，不一定要立即分个是非高下、明白清楚。关于女性能量的积累和成长，我在《活出全新的自己》里就有讲到，书中的女主人公就经历了这样一个历程：她本身是职场女强人，身上的男性特质非常强烈，最后在老师的指导下，她终于发现要去拥抱自己内在的女性特质。这跟我自己走过的路程有一定的相似性。

那么，要如何唤醒我们的女性能量呢？首先，我认为，要能够放松、放下，是非常重要的。男性的能量就是开拓、冲刺、积极、奋斗，女性的能量是守成、等候、酝酿、包容。

比方说，在很多人眼中，我是一个大忙人，但我自己并不觉得忙，而且还有许多空闲时间来做自己喜欢的事。早上站桩、锻炼，然后看书、上课、写写东西，这样也忙得挺开心，能够做到"身忙心不忙"。很多人问我是怎么做到的？很简单，我只做我想做的事，而且忙得很开心，能解决的就做，不能解决的就放下，所以我觉得很容易就可以做到身忙心不忙。事情过去了，你就放下，心就不再忙了。当你的心不忙时，你的女性能量自然很容易由内而外地流露出来。

可很多人的情形常常是：事情过去了，心却还放不下，还在想着"我当时应该怎么做会比较好""当时该这样就好了""要是……""如果……"，弄得自己的内心始终被自我对话、虚拟的戏码占据着。所以，能够和自己的负面情绪坦然相处，然后不疾不徐地一件一件处理该做的事情，这是活出女性能量的一个关键所在。

其实，真正让我们感觉到忙的不是事情本身，也不是我们的心，而是负面情绪带给我们的困扰。我们的身可以忙，但心是有空间的。当自己的内在空间很大的时候，外面那些忙忙碌碌的事情就像过眼云烟，一晃即逝。我们的内在空间就像天空一样，所有发生的事情就像白云，过来了，也会过去。即使那些云是乌云，是一些让人会纠结的负面情绪，只要空间够大，都会过去。这就是最明显的女性特质：像大海，像天空，永远静静地存在，包容来来往往的过客，而不为所动。

然而相较于男性来说，女性是最容易受到负面情绪干扰的。该怎么办呢？

我个人觉得，心灵成长是一个很好的方法。心灵成长是一个很漫长的旅程，从我决定要往内走，发现自己为什么这么不快乐时开始到现在，这么长的岁月，我一直在做这件事情——面对自己的负面情绪。很多上班族平时也许没有那么多时间来打坐、练瑜伽，但有一点最重要，那就是：让自己静下心来，才能有更多的能力和空间去面对、应付自己的负面情绪。

对我而言，负面能量就是一个钩子，它会钩住事情不放，让我产生更多的负面情绪。那要怎样才能做到真正放下呢？这说起来容易，但真正做到的确不容易。

我以前学过一个"光的课程"冥想练习，每天都要做半小时，想象各种光的存在和它们的功用。虽然开始的时候，我也是心猿意马的，但坚持三四个月后，我发现自己的负面情绪少了很多。此外，勤练瑜伽能够帮助你把脉轮里的负面能量清理干净。负面能量少了以后，事情就不会钩住你不放，负面情绪也就比较容易放下了。另外，我个人觉得，少吃肉食，可以让你避免因为食用动物的肉，而吸取了一些动物的负面能量、暴戾之气。

一般说来，人之所以会有负面情绪，比方说：生气，是因为你对生气这种情绪存在着需求。面对同样一件事情，状态不好的时候，你会生气；状态好的时候，你却不会生气。这实际上反映的就是内在的一种需求。对负面能量的需求就是来自身体的状态和自身的能量状况。所以，我们要及时清理自己的能量场，让身体变得健康。

除此之外，你还可以读一些有关情绪管理或是心灵成长的书，它们也会有助于觉察自己的情绪，进而活在当下，帮助我们的灵性成长。现代人的心态过于浮躁、忙碌、多变，如果你连好好坐下来看一本书的能力和兴致都没有，那就真的谈不上情绪管理、女性能量、心态放松或是灵性成长了。

另外一个女性能量的重要特质就是：允许、顺流而行、接纳当下所是。

生命就像一条河流，它自己在流动，你要做的就是坐在一条小船上，任它载着你走，这样你会感觉很轻松、很自在。当事情发生时，你能不能做到臣服于那件事，而不是那个人？如果你臣服不了那件事，那你能不能臣服于这件事带给你的负面情绪？如果带着这样的理解和想法生活，慢慢地，你会看到有一双无形的大手在主宰着一切。生命的河流如此强大，你想逆流而上，那多累啊！在以前，不如意的事情会激发我的斗志，让我想去抗争、搏斗，但现在我会说："老天有它的意志在里面，我静观其变，看它怎么发生。"所以，现在的我能够越来越容易放下，越过越开心。

在我们能够愈来愈放松、愈来愈顺流而行之际，女性能量就自然流露了。

发脾气了怎么办？如果你无法接受自己又生气的事实，还要不断责怪自己的话，那么下次你发脾气的概率会更高。如果能跟自己的自责、羞愧共处，什么都不做，只是和它同处于当下，那种不舒服的感觉很快就会过去，然后你该道歉的去道歉，该弥补的去弥补。放松胸口、深吸气，都可以帮助你与自己不喜欢的情绪共处。

── 德芬心语 ──

生命是一场臣服的游戏

有读者写信来问我："我觉得自己了无生趣，没有任何欲望，该怎么办？如何才能脱离苦海，得到解脱？"

我当时是这样回复的：你对解脱的欲求和对现状的抗拒反而正是你解脱的障碍。

想要趋乐避苦是每个人的天性，然而，它正是让我们深陷苦海的肇因。

很多人不想面对内在的痛苦，他们追逐外面的成就，以为拥有金钱、爱情、名声、友谊、事业、名车、豪宅，就可以遮盖痛苦，让他们离苦得乐。

很多情绪问题特别严重的人，在尝试以上各种方法，或是功成名就之后，还是无法消除内在如影随形的痛苦，于是走上赌博、吸毒这类险路，最后甚至以死来求解脱，好让自己别再面对痛苦。

有些人进步一些，他们走上心灵成长的道路（当年的我正是如此啊），追逐不同的名师，参加不同的工作坊，读各式各样的书籍，或是死抓着一个教派、法门，充分地投入其中，全身心地奉献，靠着它壮大自己的小我，希望借此能够消除内心的痛苦，而感到自在安逸。

　　有些人投入公益事业，借由帮助他人来逃避自己的痛苦。有些人整天嘴上挂着光啊爱的，以为自己跟得上新时代的这些"术语"，就可以远离那些阴暗面的痛苦。有些人开口"阿弥陀佛"，闭口"耶稣基督"，以为"傍"上了一个宗教，就能够人格升值，保障平安。

　　这些都没有用。

　　都没有用。

　　你在欺骗你自己。

　　午夜梦回之时，你自己心里明白你究竟是否真的活得自在解脱，还是只是在服务你的小我，强颜欢笑。

　　但是如果这样你就能过得很好，那也不错。不是每个人都需要去面对自己心里的那个恶魔。很多人可以与它相安无事地共处（我对很多人言行不一、前后矛盾却怡然自得、自圆其说的本领非常佩服！而这样的日子，我也过了很长时间）。

　　但是也有一些人非常幸运，老天会借由不同的环境或是事件，触动他们内在的恶魔，吓得他们抱头鼠窜，无处可逃。

　　他们坠落到阴暗的谷底，被逼到了最偏僻的角落。

这就是很多人抑郁的根源。

唯一的出口就是去看见、承认和接纳。

面对面地看着这个丑恶的自己，不再逃避，不再躲藏，不再否认。

和自己最深的罪咎和痛苦在一起，艰苦地煎熬着。不批评、不自卫、全然地脆弱和臣服。如果做不到，就试着静观一切，一定要拉开距离注视自己。

接受现状，拥抱真相，不要再粉饰太平，这是唯一的出口。

德芬心语

很多人一直问："如何去拥抱自己的负面情绪？"很简单，就是老老实实地待在当下，不看手机不打电话，什么都不做，不想别的，就是乖乖地感受自己的身体哪里难受。感受到了就跟那个不舒服的身体觉受待在一起。感受不到就去观自己的呼吸。非常简单，但是很不容易。至少试试看吧，坚持一段时间，你就不会那么想逃了。

面对自己的情绪
是良好沟通的开始

　　美国灵性老师阿迪亚香提①有一次说道，童年时他很顽皮，有一天他又犯错了，等着父亲回来惩罚他。他父亲回到家中，听了母亲的报告，照例地把他抓过来，打了几下。之后，他一个人在房间里守着屋里的孤寂和他自己那颗小小的、受伤的心。

　　可是没有多久，他的父亲走进来，坐下，然后把头埋进他的手里，后悔地说："天哪！我真痛恨这种感觉。从现在开始，我再也不会这么做了。"阿迪亚香提说，当时他非常感动，因为一个成年人如他高高在上的父亲，竟然会愿意面对自己的情绪，而且愿意跟

---

① 阿迪亚香提（Adyashanti）著有《空性之舞》（2011年8月出版）、《真正的修行：发现纯粹觉知的自由》（2011年10月出版）、《觉醒之后》（2012年5月出版）等，这三部作品皆由华夏出版社出版。1996年，经历了一系列灵性觉醒的蜕变，在跟随禅修老师学习了14年之久后，阿迪亚香提开始了他的教学生涯，他常常被人们拿来与中国早期的禅宗大师以及教授"不二论"的印度禅宗大师阿德韦德吠陀相提并论，被称为"后禅宗大师"。

儿子坦诚自己的脆弱，进而诚恳地道歉。从那次以后，他们的父子关系就非常良好。

我觉得这也是夫妻之间应该有的沟通和相处模式。

我的前夫就非常不愿意去面对自己的情绪，即使他做了很不应该的事（像失控而暴力相向），在道歉的时候，他就是闷着头给一声"I'm sorry!"对于他的行为，他从来没有一个交代。对于我们有过的争执，他也从来不做检讨。

最好玩的是，他还会理直气壮地说（并没有道歉的诚意）："我很抱歉让你生气了！"对灵修的人来说，这真是一种侮辱！因为我们都知道，除了你自己，没有人可以让你生气的。他这么说等于把责任又推到了我身上。

对备受伤害的我来说，这一句简单的"I'm sorry"是不能解决问题的。但是，他都已经道歉了，你还想要怎么样？我也不知道，或许我的内在可能会有一些积怨吧。而且，对我来说，针对双方有过的情绪化的争执进行一番理性的探索，是非常健康而且有益处的。可惜我的前夫从来没有勇气去面对自己的脆弱，愿意跟我一起探讨正确的相处之道。而作为女人的我，当时没有足够的智慧和意愿（可能因为不够爱他吧）去引领他，让他愿意敞开心和我交流、探讨，这也是我自己的过失。

直到现在，我才知道什么样的沟通（好吧，精确地说是"道歉"）模式是我想要的。如果我的爱人说话或做事伤了我，可以自己沉淀一下，然后诚恳地道歉。所谓诚恳地道歉，不是一句真心的"对不起"就算了。他会分析、检讨自己的心态或是行为，甚至追溯到小时候的一些事件，说明他那惯常性的反应行为方式不是针对我而起的，或者其实是我触动到了他的什么伤痛，所以他才会做出那种行为或是说出那种话。同样，如果我做错了什么，也应该要用这种方法去道歉、沟通，这样两个人的理解程度会更深，默契会更好。

这样的道歉方式让人极其舒服，而且立刻就可以化解怨气，解除对立。同时，会让彼此的契合程度更深，甚至达到灵魂的层次。因此，这才是我想要的沟通模式，可惜当初我没有这样的智慧引导前夫去面对他自己内在不舒服的感觉，进而愿意诚实、敞开地和我沟通交流，好让双方能从冲突当中看到自己的一些惯性反应，把它带到觉知的层面，进而能够转化它。

反过来讲，我当时可能也没有留空间给他，同时没有给他足够的安全感，让他愿意去诚实地反省、表达自己。所以，当你想要你爱的人跟你诚实地表达他自己的时候，你可能要营造一个你不会批判他的安全空间，鼓励他探索自己内在的感受。

以我自己的经验而言，一旦被伤害的时候，我的内在小女孩就出来了，在那里娇嗔生气。如果，我能先去抚平自己内在小女孩的委屈，让她乖乖地在旁边坐一会儿，我就会有足够的空间去沉稳地和对方沟通，让他觉得他可以完全地表达自己，然后被理解、被爱。因为当我的内在小女孩被安抚了之后，我散发的能量是成熟的、有智慧的、能包容的女人能量，而不是找麻烦的、生气的、任性的小女孩能量了。

生命的功课，有时候需要付出巨大的代价才能学会啊！

戴着镣铐
也要勇敢向前

某次演讲中,一位朋友问了我这样一个问题:"六年前,我跟前夫离婚后一直独立抚养一个小男孩。现在我遇到了一段新的关系,但我感觉自己已经丧失了经营家庭的能力,我该怎样去面对这段新的关系?"

一般情况下,我们遭遇了挫折以后,心就会缩紧起来,因为害怕再度打开后,又会遭受各种各样的创伤。六年前,这位朋友跟前夫分居的时候,她还是被自动化模式控制运转的"机器"。在完全没有觉察的情况下,她跟前夫闹得天翻地覆,很不愉快,这一定也伤害到了孩子,所以她会觉得很痛苦、很受伤害。

在这六年当中,我相信她一定上了很多课,读了很多书,这些遭遇是老天给她的祝福,用来打破她以往的人生模式。被自动化模式控制运转的"机器"什么时候才会停下来?它只有撞到墙上才知道这个方向不对，应该换一个方向，这样它才能重新按照完全不同的模式和程序来经营自己的人生。

这位朋友肯定也做过很多的自我修炼，只是再度面对新的关系时，她会恐惧、害怕，害怕自己会处理不好，会遭遇到过去那样的伤害。这时候，她最需要的就是勇气。这里所说的勇气并不是一点都不害怕，而是虽然心里有恐惧、害怕被伤害，但还是愿意一步一步地踏入新的亲密关系中，一层一层地把自己剥开，敞开自己的心。

如果再次受到伤害，你一定要相信，你现在拥有更多的资源、能力、空间和方法去跟被受伤害的感觉待在一起。而且老天每次给你的考验，绝对都是在你能力可以承担的范围之内的。

在过去的几年中，我也遭遇了很难的人生课题，有好几次我都想用非常决绝的方式和手段来跟老天抗议——你为什么要这样对待我？我觉得自己是一个受害者，可是当我从很痛苦的情境中走出来时，我才发现，原来我这么有力量，原来我以前的观念那么狭隘，原来我是有能力接受这些考验的。老天给我这些考验，只是让我发现，原来我的脚上铐了一条脚镣。当考验来的时候，我必须把脚镣砍断。这个过程会很痛苦，但是当我们脱离开脚镣的时候，就会觉得海阔天空，充满能量。可是如果没有考验的话，我们会觉得，有脚镣也没事嘛，还能走。而我就是在严峻的考验下，带着恐惧、带着觉知和觉察，挣脱了我的脚镣，一步一步走向新的人生。

如果你是很容易感情受伤害的那种人，我建议你将感情进展的节奏放慢一点，一步一步慢慢地放，直到你觉察到他真的是你要的男人，而且能与你共同成长之后，再开始投入感情。你要的男人并不一定是没有缺点的，但他可能需要具备你想要的男人的一些基本特质。最重要的一点是，他愿意跟你一起成长、一起改变，那这段关系就会是非常美丽的。如果这个男人就是希望你来迁就他，那他一定不能为你带来一段愉悦的感情关系。当然，你也许可以借由他给你的功课而成长，但他自己可能很难改变。

最美的关系当然是两个人一起成长。但让对方成长的最佳方式，不是我们在那里哭诉、抱怨，甚至谩骂说："你这样做，伤害到了我。"也不是要求对方"你要上课、你要改变、你要灵修"，而是将自己当成一面"镜子"，让他能够看到自己的一些行为是怎样伤害到你，然后让他自己愿意去改变。

02

你永远不是为了你认定的理由而生气

跟你爱的人在一起时,如果永远都是依据理论、对错行事,你会失去对方的心,也改变不了对方,而且惹人讨厌。

我们每个人来到这个世界都在玩"找回你的内在力量"的游戏。从小周围的环境和父母就不断在拿走我们的力量。最近我劝一个好友:在不伤害他人的情况下,厚颜无耻地找到自己内在的力量。别让任何人拿走你的力量,尤其是那些以爱为名,却拿义务、责任和"应该"来剥夺你力量的人或是你自己内在的声音。

德芬心语

父母讲的不一定错，但未必是我们需要的

去各地演讲的时候，我常常会听到来自很多青年学生的困惑："我不知道自己想要做什么、对什么感兴趣。"还有朋友反映说，当他要做一个决定时，会犹豫不决："哎哟，这关乎我接下来人生发展的重大决定，我得慎重，所以会非常犹豫，不知道要选哪一个。"为什么会这样？很多时候，这是因为从小父母就告诉你，你该做什么，他们帮你做了所有决定——你穿黑色不好看，要穿白色的；你念中文系不好，应该念工商管理；你晚睡不好，要早睡……

在教育孩子方面，我就很注意让孩子学习自己做决定。有一次，女儿生病了，我带她去看医生，打针，照X光。等到复诊时，医生说她好多了，但还是要照X光，X光又比较贵。女儿打电话问我该如何决定。我告诉她："你已经感觉好多了，不想照也可以。如果你觉得需要照，就可以照，我支持你的决定。"在平时，我

就在有意识地训练孩子，让他们为自己的决定负责。如果我帮他们做决定了，那他们就永远也没有办法去了解自己要什么，什么是对的，什么是错的。我在社会上跌跌绊绊，到了40岁开始灵修后才对自己有一些了解，之前完全像机器人一样生活，因为我的父母从小为我写好了我的人生程序，不让我动脑筋去思考。

说到了解自己，我常常举这个例子：如果我很熟悉的朋友过生日，我送给他的礼物他一定很喜欢，因为我了解他。但如果对方是陌生人，他收到礼物后可能会暗自嘀咕："德芬老师不知道我最讨厌红色了，还送我一个红色的礼物。"当你不了解对方时，你完全猜不透他想要的是什么。同样的道理，当你不了解自己、不认识自己时，你永远也不知道自己想要什么。那我们怎样去认识自己呢？我们的眼光总是向外看：看别人，看外在，看这个世界。尤其是我们喜欢用别人的眼光来定义自己，这是最可怕和最糟糕的。父母看我们时说："你很棒，你很好。"然后我们就会认为自己很棒、很好；父母认为我们很糟糕、很笨，我们就真的以为自己很笨、很糟糕。生活中有很多人都允许别人来这样定义自己，因为我们的眼光总是在看着别人，然后通过别人的眼光来定义自己。什么时候我们把眼光收回来，放在自己身上，我们就开始成长、开始认识自己了。

我们一生都在研究别人，尤其是在恋爱的时候。比如说，一个女孩子看上了一位男士，就会暗自琢磨："唉，他喜欢什么呀？"在平时，她就会注意他喜欢穿什么颜色的衣服，观察他用的东西以及他的生活习惯。我们想要去了解这个人,就会带着很浓的兴趣去研究他。那我们什么时候这样观察过自己——看自己喜欢什么、要什么、什么东西能让自己真正快乐?你要看清楚自己的内心所向往的,接触到自己的心,而不是头脑里的想法,因为你的头脑已经被父母和这个社会"破坏"了,已经输入了太多不必要的东西、太多不属于你的程序。所以你去问大脑是没用的,你必须问自己的心,跟你的心有所联结。

那怎样才能做到跟心有所联结呢?最有效的办法就是安静下来,一定要安静下来。每天抽出15~30分钟,一个人待着,什么都不做,只是坐在这里静静地看着自己,看看自己在想什么。比如说回观:自己今天早上做的事情对不对?在对那个人说话时,自己为什么会用那种语气?那种语气是比较不耐烦还是太激进?会不会让人感觉不舒服?就这样不断地回观,慢慢地,你就能了解自己。等到你足够了解自己的时候,你就能够一个一个地去剖析父母强加给你的那些"应该""不应该",你就可以问自己:"我应该这么做吗?这是真的吗?这是我真正想要的吗?"

当然,这并不意味着,父母跟我们讲的每句话都是错的,但很多时候他们说的却未必是我们需要或是想要的,所以我们需要不断地去检视自己脑袋里的这些"应该"和"不应该",还要不断地去观察自己、理解自己。慢慢地,你就会知道,你是谁,你想要什么,你来到这个世界是为了什么,你真心向往的又是什么。当你的内心清明到了这个程度,当你真正做到非常了解自己,跟宇宙的关系非常和谐,能量也是跟宇宙同频共振的时候，那才是真正的心想事成，你想要什么就会获得什么。但问题是，当你还没有达到那个程度之前，你去跟老天要什么，结果要来的可能不是自己想要的，或者是，即使要来了，你也要付出代价。①

————— 德芬心语 —————

我们内心的纠结大部分都源于我们的孩童心态——觉得委屈，觉得对方"应该"要怎样，要找人为我们的情绪埋单而不是自己去负责。如果有一天，你厌倦了这样的戏码，愿意长大成人，就有希望改变。成人愿意享受孤独，愿意接受痛苦，而不去逃避或是要别人负责，愿意承担委屈而不一定要去讨回公道。你准备好长大了吗？

---

①关于"心想事成的陷阱"，请参考张德芬.活出全新的自己：全新修订版[M].长沙：湖南文艺出版社，2019。

只有自己先成长了，
父母才会成长

在生活中，很多父母都很强势，但有的子女也喜欢控制自己的父母，会过分在意父母到底过得好不好、快不快乐。他们在做很多事情之前，内在都会有一种感觉去促使他们做控制父母的事情，促使他们把父母的喜、怒、哀、乐扛在自己身上。

根据我的经验和观察，这种感觉叫作"愧疚"。如果今天父母不快乐了，我会觉得愧疚，所以我要让他们快乐；如果今天父母过得不好，我会觉得愧疚，所以我一定要让他们过得好。表面上看，这样做是无私的，是为了父母而"牺牲"了自己，但真相是：我们其实是无法忍受自己内在的某种情绪，比如愧疚。人都有自私的一面，每个人做事的出发点没有不是为自己的。比如说，女儿掉进水里了，我一定会去救她，虽然我不会游泳。为什么？因为我不能忍受没有她的日子，我宁可死了，也要去救我的女儿。这就映照出了我自私的一面。

所以我说，每个人做事的出发点都是自私的。关键点在于，在跟父母纠结的过程中，你能不能看到自己的自私，看到自己到底自私在哪里。你之所以觉得愧疚，是因为你不能够承受父母不高兴带给你的感受，所以你要去控制他们的喜、怒、哀、乐。每到这个时候，我想问你，你可不可以跟自己的愧疚感在一起，全身心地接纳这种感受？因为你和父母的能量这样牵缠在一起，对双方都没有一点好处。

我想起一个故事：有个外祖母，她在照顾孙子的时候，因为怕孩子冷，便用橡皮筋把孩子的衣袖口连同手腕绑起来了，结果因为绑的时间太长导致孩子的手臂因为缺血坏死而截肢了，这个外祖母因此对孙子愧疚一生。

在我看来，外祖母如果一辈子对这个孩子都心怀歉疚的话，她是害了两个人——不但害了她自己，还害了孩子。为什么？如果这个孩子伴着外祖母的这种愧疚感长大，他可以说："是你让我变得没有手，让我这辈子跟别人不一样，让我这辈子做事都不方便，所以你活该，你欠我的。"然后他就有理由在这个世界上做一个失败者，因为他觉得："这不是我的错！你把我的手弄断了，你就得负责！"

但如果外祖母的态度是："真的对不起，孩子，把你的手弄断了，但是你还可以像正常人一样生活，你甚至可以活得更坚强，比正常人还要活得出色。"如果我们给孩子这样的教育，传递给他这样的人生观的话，这才是我们给孩子最好的礼物。因为正常人所做的事情不稀奇，用脚弹钢琴那才叫稀奇。

　　每个灵魂来到这个世界都是独立的，每个人也都在遵循自己既定的人生旅程，走自己的人生道路。当你的能量跟任何一个人牵扯不清的时候，你都不会快乐，不管那个人是你的配偶、孩子，还是你的父母。当你不快乐时，他们也不会快乐，所以送给亲人最好的礼物，就是让他们去经历自己的事情，让他们为自己的喜、怒、哀、乐负责，而不是由你来负责。这样的话，慢慢地，你和父母之间的关系就会改善，他们也会因此而变得更有智慧，知道要为自己的喜、怒、哀、乐负责。

　　以前我父亲心情不好的时候，他就会愁眉苦脸地跟我说东道西："哎呀！年纪大了，儿女都不在身边，我是孤独老人。"这时候，我会说："爸，如果你自己不能找到幸福、快乐，就算我为你搬回台湾，住到你隔壁，你都不会快乐，而我还牺牲了那么多，这样，我也会不快乐。你是成年人了，你要为自己的幸福、快乐、健康负责。"他听了几次我的演讲之后，开心地告诉我，他现在知道该怎么做了。

　　试着去扩展父母的底线吧！当你勇敢地跨出那一步的时候，你会发现，父母毕竟是爱你的，他们只是生活在惯性里，因为他们习惯这么做，而你也习惯让他们这么做。所以你一旦改变，他们也会有所改变。

　　自己先成长，自己先积攒足够的内在空间、内在力量，去承担和接纳你让别人过他自己生活的那种痛心、愧疚、自责，然后你就长大了，就有了更多的内在力量。

你问我人生的目的和意义是什么，会问这个问题的人显然对自己目前的生活不满意。如果说人生的目的就是要过好你目前的生活，享受你活着的每个当下，你能否接受呢？如果说人生有任何目的，那其实是一个逃避当下的借口。先快乐地享受你所拥有的，生命自然会给你更多不可思议的礼物。

德芬心语

从父母那里收回你生命的自主权

一次演讲中，一位听众问道："父母很喜欢干涉我的爱情和生活，该怎么办？"生活中这样的现象很普遍。那为什么父母很喜欢干涉你的爱情？这类父母的心理问题在于，他们在透过你活出他们自己的生命。父母这样做当然不对，因为他们虽然把你带到了这个世界上来，却没有尊重你是一个独立的生命个体。

当然，这样的父母也不是只干涉你的爱情，从小到大他们对你应该都是管头管脚、指手画脚的，什么事都要听命于他们。你从小被剥夺了自主权，没有划清自己的界限，所以让父母一再地越权来侵犯你。当你还是孩子时，你无能为力。现在你是成人了，必须学会建立自己内在的力量，收回生命的主控权。否则，你在工作上会不断碰到压榨你的老板、剥削你的同事，朋友也会利用你、不尊重你。

当然，你的配偶一定会和你的父母一样地不尊重你，想要主宰你的生命和生活方式。我曾写过一篇文章——《温柔的坚持和脆弱的要求》①，讲的是我们要学会如何温柔而坚定地和父母或爱人说"不"！刚开始的时候，你会感觉到恐惧，因为你面对父母时，小时候那种依赖父母生存的恐惧心理会浮现，觉得忤逆父母就会性命不保，这是幻象，你不要被它吓到。接下来，你会感到愧疚，因为你的父母会不习惯百依百顺的你突然有了自己的意见。他们会用威胁、哭闹，甚至生病等方式来夺回他们的操控权。这个时候你必须坚定但又充满爱地告诉他们："妈妈爸爸，我已经长大了，你们必须尊重我的生活方式，不可以这样干涉我的感情生活。"如果你能学会面对自己的愧疚和恐惧，不去逃避、转移或否认，就能逐渐收回你生命的自主权，自然就有更多的内在力量。

我们做儿女的总是不想让父母失望，总是希望自己达到他们的期望，不要让他们伤心。但孝敬父母是有三个层次的：第一是财奉养，给他们很好的物质生活；第二个层次是身奉养，能够晨昏定省、嘘寒问暖地照顾他们；最高的层次就是以智慧奉养，父母有他们自己要学习的功课，你不可能一味地迁就他们、委屈自己。当你能够坚定立场，又带着爱向他们表述你真正是谁，你真的想要什么的时候，他们虽然会失望，但是他们也可以学到人生宝贵的功课——知道自己有时需要让步，需要

---

① 关于《温柔的坚持和脆弱的要求》，请参考张德芬.重遇未知的自己：爱上生命中的不完美[M].长沙：湖南文艺出版社，2011。

腾出空间来让儿女自己成长、生活，并且祝福儿女能用不同于自己所期待的方式去活出最好的自己。这种智慧奉养是孝顺父母的最高境界，但是很多子女的内在不够坚强，没有办法做到。我真诚地祝福大家有足够的内在力量，用智慧去奉养父母，同时活出你真正的自己。

德芬心语

给我内在那个需要爱的小女孩：你是无条件被爱的，我永远在这里陪伴、等候你，就像阳光耐心等候花开一样，我在等待你的绽放。你的美丽现在只有我知道，而有一天，众人都会惊叹你的容颜，那由内而外的透亮，让你的美丽无处可藏。

你在做父母的拯救者吗

读到一首叫《不想》(*alternative*) 的诗，很印心，用来每天提醒自己：

不想，再迷恋于成为一个解决问题的专家……

只想，当一个，生命的陪伴者。

不想，再沉迷于扮演一个拯救生命的英雄……

只想，与你，平起平坐，望着你，听你说故事。

不想，要再去改变别人的生命……

只想，走入生命的更底层，

深深地聆听……①

---

① 摘自华德福教师的祈祷文。华德福是德国人，创立华德福森林学校，以人本精神著称于世。

生活中，有不少人都沉迷于扮演拯救者的角色。曾经跟一位朋友聊天，她说起母亲就流泪，说自己是典型的孝而不顺，十分厌恶自己的母亲一天到晚抱怨父亲。她觉得母亲有一切的条件可以快乐（她超级会赚钱，可以让父母生活无忧），但是不能好好过生活，而且一天到晚在她面前说父亲的不是，非常负面。

作为儿女，我们都希望父母过得好、过得开心，可是我们也真的需要尊重他们自己的决定，并且知道他们虽然身为我们的父母，而且对我们的恩德是我们无以回报的，但我们是不可能让任何一个"他人"快乐的。因为，每个人都有权利决定他要快乐还是不快乐，我们只能尽最大的努力做好自己的事，不要为了拯救他们而让自己陷进去了。

更重要的是，因为我们对他们的要求（你不应该批评爸爸，不应该不快乐），他们做不到，所以这会阻挡我们对他们的爱。我的朋友说她无法开口对妈妈说"我爱你"，因为她对妈妈的要求，她妈妈做不到。这不是很可惜吗？我们真爱一个人，就应该放下一切要求，接受她的本然如是（很难做到，我知道）。要不然在妈妈有生之年，我们都没有办法穿越自己对她的要求，而看到妈妈真正的本来面貌，并且无条件地爱她。

为什么会对妈妈有要求？因为我朋友有很强烈的责任感，觉得她要为父母的快乐负责。如果父母不快乐，就是她不够好，她做得不够到位。我们看到这个问题的症结还是在她自己身上，出发点还是自私的。

从小她父母就不停地赞美她有多乖、多懂事，但她的父母没有想到，这对孩子来说也是一种伤害。因为，为了要符合父母的期望，达到他们的理想以赢得或是符合他们的赞美，她的童年其实提早结束了。

乖乖女，以及为全家负责、付出的形象变成了她的身份认同。一旦她不为家人付出，不做好乖女儿的角色，不能让父母开心的话，她就不知道自己是谁了，也失去了生存的意义。因此，她母亲的行为（不能够满足、快乐，即使外在生活条件那么好，孩子也很好，却还要整天抱怨，找老公的碴）对她来说，是不可以被接受的，因为威胁到了她的身份感和生存价值。

那我们要怎样做才可以从这种恶性循环中走出来呢？首先当然还是要"看见"！看见自己对母亲孝而不顺后面的那种心理动力从何而来，每次看到自己又在想要为全家人（至少是父母）的快乐负责的时候，要有觉知，知道自己从小那个拯救者的角色又浮现了。

当你把这种无意识的动力带到表意识上来的时候，你就不会被它盲目地控制。这样不断地去观照，并且以慈悲心对待自己的这种执着，慢慢地，你会发现自己对母亲的要求和不满会逐渐降低。继续发展下去，你就能够穿越自己的要求、期望和不满，看到一个白发苍苍、满脸皱纹的老妇人的内在原来也有一个悲伤、不满的内在小孩。每次利用抱怨老公来获得女儿关注，来满足自己内在那个永远无法弥补的儿时创伤和匮乏。

而你的觉知和意识以及对母亲的谅解和接受，会让这个老人找到一个安心之处，同时也抚慰了她的内在小孩。之前她因为你的抗拒而不自觉投放在你身上的很多负面能量也会逐渐地消融，她很可能不会再像以前那样一直负面地抱怨了。关系中的负面情境需要两个人共谋才会成形，但是要消除这种负面的恶性循环不需要两个人。从你自身做起，你就会看到对方的改变。这是能量层面的事，很难用语言说得清楚。

做儿女的，有责任尽孝道，但是没有责任、也没有能力扛起父母的悲伤和痛苦。放他们自由吧，这样至少你自己有了自由，有了快乐，而能毫无阻碍地去爱父母，接受他们的一切。这才是真正的孝顺。

————— 德芬心语 —————

凡是你想控制的，其实都控制了你。我们是如此不自由的人，因为太想操控一切！

试着和父母"离婚"

父母关系对我们来说实在很重要，它能影响到我们的事业、爱情、金钱、健康、亲子关系等，无远弗届。在灵性成长中，我们一直强调要修复和父母的关系，这样才能获得真正的成长与幸福。

天下绝对有不是的父母，但是，我们的生命能量是来自他们的，如果不承认他们，与他们的关系不融洽，这绝对会影响我们的整个人生。怎样修复与父母的关系呢？首先，我们可以粗略地把功能不良的父母关系分为两种：疏离和牵缠。

疏离的关系多半是因为父母本身对子女冷漠，甚至在身体或情绪上、言语上暴力相向，子女长大后就同样用淡漠、忽视甚至怨恨来报复父母。这种关系其实比较好处理，因为如果子女长大后能够自我成长，接纳内在那个受伤的孩子，因而让自己心智成熟，愿意以一个大人的方式去和父母互动，多半问题就能够得到解决。

做不到这点的子女，大部分都是因为内在有怨怼，觉得父母没有尽到做父母该尽的责任。其实，只要有这种心态的子女，都还是内心不成熟的。他们还是用孩童的心态来要求父母、责怪父母。我想说的是，每一对父母每时每刻都在尽他们所能地对我们好，只是当时他们的能力有限、知识有限，所以，能给我们的就是那么多。

理想的父母是很难找的，但是我们长大以后，如果能够做一些内在工作让自己灵性成长，就可以在心里扮演自己想要的那种模范父母，给自己最棒的支持和关爱。此时，回头再看父母，我们会发现自己有更多的爱和宽容给他们，原谅他们给我们的童年造成的创伤。

然而上面这种怨怼父母的心理，有的时候埋藏得极深，非常地细微，连我们自己都可能感觉不出来，或是不想去承认、面对。但是如果你的亲密关系一直出状况，事业怎么样都起不来，健康也时时亮红灯，人际关系不佳，亲子关系有问题，或是始终感觉不到真正的快乐和喜悦，这些问题的源头多半是来自你的原生家庭——也就是和你的父母有关。所以为了你自己，你必须走上内在成长的道路，让自己压抑到无意识里面的伤痛都能够浮现，好得到疗愈。

而另外一种不良关系——牵缠——是比较棘手的。这类关系通常来自于过度关心保护子女、喜欢操控子女的父母。面对这样的父母，子女首先也要自我成长，真的愿意在心理上脱离父母的控制，成为一个健康、成熟的大人，不再受他们的牵制。这种脱离父母控制、长大成人的过程是更为辛苦的，因为父母会用苦肉计（生病、流泪、伤心），或是断绝关系、切断金钱援助等威胁手段，让我们很痛苦，用他们惯常使用的罪咎、羞愧和恐惧感来让我们屈服。

但是在我们心理成熟的情况下，可以和父母沟通，用沉稳的方式告诉他们：我们已经长大了，而他们也应该为自己的幸福、快乐负责，不要把生活的重心和焦点全都放在孩子身上。这个过程如我上面所说的，可能会很痛苦。难怪有些灵性老师说，想要成长，首先你必须和父母"离婚"。斩断与他们不合理、不正常的牵缠后，再回去和他们健康地互动。这个前提是：你要赢得父母的尊重，这份尊重是他们从小就没有给你的，现在你长大了，要自己去争取。

我自己在这个过程当中也走得很辛苦，我父母从小就视我为掌上明珠，这句话的另一种诠释就是视我为他们的个人资产。从考大学选系到交朋友、结婚、就业、出国，更别说每天生活的细节点滴了，他们都是巨细靡遗地不放过我。他们想在我身上实现、经历他们所缺失的，更把我当成他们颜面（也就是小我）的装饰品。而我从小就是一个乖乖女，任由父母控制、管辖，不敢反抗。

40岁以后，我开始走上心灵成长的道路，逐渐地意识到，我必须坚强、独立，不再受父母的管束，不再以他们的喜好来决定我的人生。这个过程非常不容易，但是我非常坚持要和父母"离婚"，也就是，在能量上不再与他们牵缠，不再以他们的喜怒哀乐为依归，要勇敢地做我自己。

我的做法是：一方面还是对父母非常关心，也付出很多，嘘寒问暖、关心有加，另一方面我却很坚持要他们不要管我的事，给我自由。一度，父亲还拿断绝关系来要挟我，当时我的回答是："断就断。"因此有好一阵我都不跟他们联络，然后再若无其事地打电话给他们，他们的气焰就弱了。唉，这说起来像权力斗争，却是我们成长中很重要的一个步骤。

最终，在我多方的努力下，我的父母成了我理想中最棒的父母，支持我、关心我，但是不过度干涉我、要求我，不给我压力，不给我添麻烦，只是每次看到我都很高兴，张开双臂接受我给他们的爱，并且以更深的爱回报我。

祝福天下子女都能找到真正的自己，和父母建立起健康、和谐的最佳关系！

有种爱是：我不管你的快乐幸福，我只关心你是否按照我说的去做、去生活。如果你正被这种爱凌虐，请别允许自己待在这种处境里，无论对方是谁、曾经为你做过什么。如果你正用这种爱加诸别人身上，请诚实面对。爱的前提一定是希望对方在自由意志下幸福快乐，即使你觉得他的选择是错的，也由他去，祝福他。

— 德芬心语 —

你是否背负了父母的痛苦

某次演讲中,一名听众问了一个和母亲有关的问题:"我母亲年轻的时候受了很多苦,我非常疼惜她,可是每次回去看她,待不了三天我就得走。她的负面能量太多,一直唠唠叨叨地述说陈年旧事,全是负面的,让我无法招架。"

这样的事情其实在生活中挺普遍的,我跟她分享了我的经验:

我母亲年轻的时候也辛苦过,所以也是满腹的牢骚,有很多负面能量。她虽然在信耶稣之后有了很大的改变,但有时候还是愿意把过去那些欺负她的人和委屈的事拿出来诉苦。我听她说没有问题,因为我在能量上不会应和她,但是我看得出来,在重复这些陈年往事的时候,她自己是不开心的。

有一次,我忍不住告诉她:"妈,这些事情就像埋在地里多年的垃圾,你重复说了好多次,每一次都要把这些发臭的垃圾拿出来自己咀嚼、嗅闻不说，还要旁边的人陪你一起受罪。你这么爱干净、有洁癖的人，这样做不觉得难过吗？"她听了以后，就好了很多。所以，当你觉察到自己的行为其实是不利人不利己的时候，才有可能去停止它。

同时，我告诉这位听众，有时候，我们还是要勇敢地为自己划清界限，要让父母知道，他们对自己的行为也是要负一些责任的。我建议她，本来打算回去三天的，如果真的受不了，一天过后，她就可以告诉妈妈："妈，我很爱你，很想回来多陪陪你，可是每次跟你在一起，你都要说这些令人不愉快的陈年旧账，我实在受不了了，我就先回去了。"让父母知道我们也是有底线的，而他们是否可以适当地收敛一下？不过我知道，很多孩子连这样的话都说不出口，因为怕父母伤心。我曾经多次提到，我们自己想要成长为成熟的人，一定要和父母"离婚"，或是"断奶"。在情感上、能量上要和他们脱离牵缠，划分清楚。

我自己就走过这段艰苦的道路，成功地切断和父母感情上的粘连。现在，父母觉得我是个一百分的好女儿，完全没有话说的孝顺。但是，他们无法再用他们的期待，或者是让我有罪咎感、羞愧感等方法来操控我了。如果他们心情不好、不开心，我会尽量让他们高兴，但是如果他们不开心的理由与我无关（甚或与我有关也一样），只要是我无法改变的，那我就"允许"他们不开心，给他们不高兴的自由。因为他们是成年人了，要为自己的情绪负责，我无法再像以前那样把他们背在我的肩上，自己累死了、不快乐不说，还丝毫帮助不了他们。

说到这里时，我看到这位听众的能量状况正是一个把母亲背负在身上的愁苦的小女孩状态。她自己身上的负面能量也非常多，说明她因为心疼母亲，曾经在无意识的层面对母亲做了这样的承诺："妈妈，你那么多的痛苦，我帮你负担一些吧。"但是，这样做是无济于事的，不但帮助不了母亲，还赔上了自己的幸福。

最后我鼓励她要让自己快乐，并且放下要让母亲快乐的这个重责大任。我忘了提醒她的是，她自己身上带着这么多的负面能量，会让她母亲看到她就忍不住开始述说自己的痛苦（看到别人可能还不会），因为她们的能量是共振的。如果她能够真的放下母亲的痛苦，自己成为一个比较快乐的人，那么，她的正能量就会影响母亲，让母亲日后看到她也不想诉苦了。

我自己是如何走出来的呢？回顾这一段经历，我只能说，在灵修的道路上，我不断地借由接纳、面对自己的负面情绪来加强自己的内在力量，不断提醒自己"老天的事、别人的事、自己的事"，同时不再强迫自己去满足父母的期望、取悦父母，就这样一点一滴地慢慢放下了。我祝愿有同样问题的读者们，也能找到可以自由飞翔的天空，不要再把父母的不快乐，或是取悦父母的责任背负在自己身上了。

你永远不是为了
你认定的理由而生气

南非总统曼德拉①曾被关押27年，受尽虐待。他73岁当选总统，就职那一天，邀请了三名曾虐待过他的看守到场。当曼德拉起身恭敬地向看守们致敬时，在场的所有人乃至整个世界都安静了下来。他说："当我走出囚室、迈过通往自由的监狱大门时，我已经清楚，自己若不能把悲痛与怨恨留在身后，那么我仍在狱中。"

怨恨等于监狱，我们不要把自己关在其中。但是很多人身处监狱之中，还是振振有词地觉得自己是个可怜的受害者，而对方是错误的、恶劣的迫害者。这些人其实是不自觉的，也就是没有觉知的。他们对想象中的迫害者的愤恨，已经被隐藏到无意识底下了，

---

① 享誉全球的诺贝尔和平奖得主。为了推翻南非白人种族主义统治，他进行了长达50年艰苦卓绝的斗争，曾在监狱服刑27年。最终，从阶下囚一跃成为南非首任黑人总统，为新南非开创了一个民主统一的局面。

所以平常生活中是感觉不到的。但是一旦有什么人、事、物触动了他们，他们就会抓狂，恨得要打人、杀人。那个时候，这些人就是在地狱之中。

奇迹课程说：你永远不是为了你认定的理由而生气的。表面上，你气老公不关心你、不够爱你，其实你气的是小时候父母没有尽到养护的责任，那个时候你把怨气压抑了，但是内心有无比的恐惧，因为父母不好好照顾你，意味着你的生命安全会受到威胁，这可不是一件小事。而可怜的配偶和孩子永远是我们的投射板，我们常常把以前对父母累积的怨气发泄在配偶和孩子身上而不自知。

有一位很另类的灵性老师就说："我们每个人如果要成长，在人生旅途的某个时刻，我们一定要在自己心理层面上'杀'了自己的父母。"这种说法当然哗众取宠，不过他的意思是：放下对父母的怨恨和期待，还有罪咎感。是的，不单是怨恨会把你关在监牢中，罪咎也会让你的手脚都铐上锁链，动弹不得。

我们每个人都会期待父母对我们好，即使嘴上不说，心里都会有这样的期待。没有父母是完美的，但是我们要相信每位父母在每个当下都尽力做到最好了。如果你是他们，在那种艰难的生活环境里，没有受过任何的亲子教育（当时人类的意识也不像现在这么发达，能知道一些比较正确的教养孩子的方式），自己的个性又有一堆问题，夫妻之间也有很多冲突，在这些情况下，他们真的是尽力做到最好了。换位思考一下，我们自己可能都做不到他们那么好。

另外，我们要切断的，是对父母的罪咎感和责任感。每个孩子都爱自己的父母，而很多父母也会利用孩子的这种天生的弱势"剥削"他们，从小就用很多手段控制自己的孩子。于是我们看到很多永远长不大的女孩（爱操控的爸爸的小心肝）和永远幼稚懦弱的儿子（强势母亲的变相爱人）。而做儿女的常常会不自觉地随父母的操弄起舞，既失去了自己、失去了尊严，也失去了快乐和自由。

所以，我们一定要剪断与父母之间的脐带，愿意成长为大人，这样才会活出最好的自己。否则，你的能量永远跟父母纠缠在一起，你很累，父母也成长不了。我看过太多这样的例子，我自己也是这样一路走过来的。现在我放下了对父母的罪咎和期待，我让他们做他们自己，因此我也能做我自己。这是你可以送给你孩子的最佳礼物，因为孩子都是有样学样的。你争取到的智慧和心灵的自由，都会被你的下一代吸收！

所以，不管你是在什么样的监牢中，请你看清楚把你关在监牢里的是什么，是怨恨还是恐惧？是罪咎还是悲伤？因为你无法放下你不承认或是你看不见的东西。看见了之后，知道它是让你受了这么多苦的元凶，那么总有一天，你会开始逐渐放下它们，一步步让自己重获自由！

真正的喜悦和自在，来自你和自己负面情绪相处的能力，以及面对自己不喜欢的人、事、物的态度，和外在的条件没有关系。

德芬心语

没什么力量
可以让对方做出改变

我曾说过这样一句话，大意是："亲密关系中的问题，都是我们与父母之间问题的反映和投射。"因为这句话，有读者就问我说："在择偶的时候，我们通常会以父亲或者母亲作为模板，倾向于选择与父母相像的类型。那如果我们在亲密关系中遇到问题，解决问题的着力点是重新回到与父母关系的梳理当中，还是去梳理亲密关系中自己的问题？"

虽然说，我们在亲密关系中遇到的问题，大多都是与父母之间的问题的反映与投射，但我们不一定会找一个跟自己父母一样的对象。在大多数情况下，这个对象给自己带来的功课倒一定是你在父母那里未完成的。

比如说你的父母对你期望很高，或者对你非常依赖，那么你可能就会找一个对你期望非常高，又很依赖你的人，因为你这个学分还没有修完。而你与父母之间的问题永远都是要去解决的，不要等到它通过亲密关系，或者在你跟事业、金钱的关系中呈现出来后才去解决。

当你有了这份了悟之后，你跟配偶在起冲突的时候，就可以"看见"：有些问题真的不是他的错，可能是你从小的问题造成的——父母管你管得很严，你讨厌别人对你指手画脚，而你偏偏又碰到一个爱管你的先生。那这就是你的问题，因为他也许只是轻描淡写地说了一句话，你就爆发了。

当亲密关系遇到障碍时，我们都觉得对方需要改变。其实真正要改变的是我们自己：为什么老天要我碰到这样的人？他来教我什么功课？如果行有余力，给对方他想要的，那无非就是无条件的接纳和爱，不是恣意的娇宠，而是有原则的尊重和宽容。没有什么力量可以让对方改变，你只能创造一个让他愿意改变的环境。如果你认识到了这一点，在处理亲密关系的时候，你就会有意识地放对方一马。不管是什么事，最终都是你的功课，而对方只是来告诉你、帮助你去加深了解你自己的功课、进而帮助你完成而已。

而我们跟父母之间的关系，其实很多时候会处理得过犹不及。过了就意味着关系牵缠得太紧，这样就会造成一种状况：你年纪很大了，还是没有办法放下父母，还要受父母的管制。另一种情况就是怨恨父母，跟父母之间的关系很疏离、很冷淡。

第二种情况反而比较容易解决。一旦你开始灵修、你的心打开了之后，你就能活在当下、接受自己。同时，你自然而然地就学会了接纳和原谅。因为任何一种关系，只要其中的一方改变了，关系就会有所改善。只要你从内心里去接纳、去爱自己的父母，僵持的关系就会"破冰"，哪怕你从来没跟他们说过"我爱你"，也从来没有抱过他们，你会慢慢开始去试着这么做。

当我们看到亲人痛苦的时候，就好像看到他们在水里挣扎，要溺水一般，即使我们自己并不想让水打湿身体、弄湿衣服，但会想下水去救他们。不过，这样会让两个人都在水中挣扎、痛苦（这个比喻的前提是，我们天生都会游泳，都淹不死。就像在痛苦中挣扎，也不会死人一样）。如果我们能够在岸上为他们加油打气，告诉他们怎么做可以让身体浮起来，那么他们就学会了游泳的技巧，而我们也没有牺牲自己的快乐、幸福。和亲人的能量纠结（尤其是负面能量），是现代很多人的痛苦。放手吧。他们淹不死的。

自私的爱

有位朋友，她80多岁高龄的老爸已经不太行了，躺在床上几个月，像半个植物人。她非常痛心，舍不得老爸离开，又心疼老爸受苦。每次回老家探望时，她都在天人交战是否每次老爸病危（呼吸困难、心跳异常）时都要用非常手段（切管、电击）去抢救。

我不忍心告诉她，其实她这样做是非常自私的。她舍不得的，其实不是老爸，而是自己内心的那个依靠。她已经50多岁了，却没有足够的内在力量安然地、独自地在这个地球上生存，心里对父亲还是非常地依赖，视他为唯一的精神支柱。

父母是把我们带到这个世界上的人，但他们的任务是过渡的。我们长大以后，要真正地脱离双亲、剪断脐带、能够独立地、踏实地继续过自己的日子，同时能够自己找到在世生存的安全感。我这个朋友其实一直拒绝面对现实，也不想长大（或是说，不知道要成长），所以常常生活在不安全的感受中。

根据我自己的经验，放下对父母的心理依赖之后，我们和他们的关系反而会变得更好。

因为没有期待，所以不会要求他们用特定的方式来爱我们。

因为自己长大了，所以能够原谅父母小时候对我们做过的一些不适当的事。

因为没有依赖，所以不会让父母用不适当的方式控制、操纵我们的生活。

因为成熟，所以父母离世的时候，我们会以最好的状态送走他们，让他们走得安心，不会为我们牵挂。

后来她对我说，她决定跟老天祈祷，要求它带走她的父亲，免得他老人家受太多不必要的苦。她说这话的时候，脸上有一种决绝的表情，我知道，这对她来说真的很不容易。我不想告诉她，她早该这么做了。但是，当有些人还没有准备好的时候，让她去面对自己内在的阴影是很残忍的。

记得以前我有一位灵性老师，年轻的时候曾经是一位出色的医生。他当时发誓说，任何病人都不能死在他手里。他值班的时候，有一位老妇人经常被送进急诊室，每次都被他强行救活了。可是最后一次，老妇人醒来之后，竟然抓住他的手，恶狠狠地责问他："Why did you do this to me?"（你为何要这样对我？）我的老师当下醒悟，原来他做这些完全是为了他自己,没有为病人的最佳福祉着想。老妇人身体不好,又没有家人照顾,走了对她来说是一种解脱和幸福,可是,这位灵性老师为了他的小我(ego),却几次强行救活她。真是自私的大爱。(意义矛盾的词啊!)

话又说回来,如果我们对父母没有这样依恋、牵缠的爱,我们看到他们受苦、病痛的时候又会如何呢?另一个朋友就跟我说,她的母亲最近不太行了,走路都有困难,还天天找她爸的碴,带给家人很多的痛苦和不便。她坚定地告诉我:"我真的觉得她走了比较好!"

同样是儿女,为何态度差这么多?你能说前一个就是孝顺,后面这个就是不孝吗?我了解她们俩,也知道她们孝顺的程度不分上下。差异就在于自己内在的感受。我们做的每一件事都是为了服侍自己内在的感受,不是为了外面的任何人、事、物,即使对父母、家人,都不例外。

所以,你可以堂而皇之地为自己的行为找很多借口和理由,但是每个行为的出发点背后,都有一个内在的驱动力。即使是牺牲自己成全别人,也都是因为内在有这个驱动力,如果没有,你不会那么做。这样说,并不是要抹杀其他人高贵的行为和动机,而是希望我们能为自己负起责任来,不要以爱为名,去伤害我们爱的人,或是使他们受苦。

当你清楚地看见,你想留下父亲是出于这么自私的理由时,也许你会因为爱他、疼惜他而愿意长大、放手,让他到乐园去,不再受肉体的疼痛折磨、束缚。

当你清楚地看见，你为家庭的牺牲、奉献，实际上是出于自己被爱的需要，害怕自己不这么做就会失去家人的爱和支持。那么你就不会要求家人为你的牺牲做出相对的付出，同时你愿意放下对他们交换利益的期待，因为这一切都是你心甘情愿做的，怨不得别人。

当你清楚地看见，你不离开一段婚姻是因为自己缺乏安全感，不甘心就这样离开，也不想担负"破坏婚姻"的罪名（虽然犯错的可能是对方），而不是真的为了孩子的最大福祉，你就不会以一副"孩子，我为你牺牲、忍受"的嘴脸在这段婚姻中待着，要孩子感谢你。而是会负起责任让自己成长，寻找到自己的自我价值。当你有了内在力量，归于自己的中心时，要不要离婚是你个人的决定，不要让任何人、事、物成为你做决定的借口。

儿童乐园是无忧、欢乐、天真的。这就是为什么这么多人都想当小飞侠——彼得·潘，拒绝长大，活在自己的"neverland"（永乐园）当中。然而现实世界是残忍的，适者生存，我们必须长大，负起自己应尽的所有责任，才能够安心、快乐地在这个成人世界里过日子。那意味着不再异想天开，不再逃避责任，最重要的就是：为自己的情绪负起全部的责任。

当你能够跟你的每种负面情绪（恐惧、担忧、愤怒、悲伤、嫉妒等）好好共处于当下，不逃避、抗拒、转移、发泄时，你就成长了，你的内在智慧会油然而生，内在空间得以打开，内在力量就会呈现。

祝福全天下的快乐孩童成长为快乐成人。

───── 德芬心语 ─────

我们做的每一件事，其实没有一件不是为了自己。如果承认这点，就为自己所有的行为负起责任，同时，不要因为得不到感激而失望。

要改变的是家长，不是孩子

孩子发脾气、撒泼是很多父母的烦恼。孩子小的时候，父母怕他们撒泼。青少年的时候，又怕他们发脾气。唉，父母真的不好做。

我自己的经验是，遇到这种情形的时候，父母最不能做的就是两件事：一是害怕、心虚。不知道怎么应付而心虚，担心孩子扰乱别人而害怕，或是担心其他长辈来干预而心慌等，这时候，做父母的要归于自己的中心，底气要足。二是控制不住情绪，自己也生气。很多父母看到孩子发脾气、撒泼时，会情不自禁地发火、发怒。如果你也是这样，那你就陷入了孩子设下的陷阱，更不好处理事情了。

那如何做才能不害怕、不发怒？这就关系到个人的涵养功夫了。说来话长，但归纳起来就是灵性修持的功夫要加强，自己的内在要更加笃定、定静、有谱，这样的家长就不会被孩子的情绪所左右。

在我孩子小的时候，我也常常用不适合的方式去处理他们的撒泼胡闹。随着自己灵修的进步，应对他们撒泼、胡闹的方式也就得到了改善。有时候，我真的是非常"酷"地看着他们撒泼瞎闹，不动气也不动声色，这时，孩子就会觉得没劲了，常常见好就收。

我的孩子现在都是青少年了，我们之间几乎没有什么冲突。但有一次，儿子放学回来情绪很不好，我跟他说几句话，他就开始生气，很情绪化地回答我。我当时非常冷静地看着他，跟他说："请你走开，我不想和以这种态度跟我说话的人交流。"我不带怒气、平静地说了两次后，他就离开了。过了一会儿，他就过来道歉，说刚才自己情绪不好，对不起。我当然欣然原谅他。

和孩子的交流不是一日建立起来的。平常我们要教导他们明辨是非，知道好歹。把孩子放在他们应该有的位置上，对长辈要尊重，对父母的付出要知道感恩，对自己该做的事情要有责任感。做家长的要花一些心思去教育孩子这些，而不是让孩子觉得你活该欠他们的。

有一次，我一个朋友很紧张地问我："我的女儿老吵着要休学，换了好几个学校，她都讨厌同学，说不要上学了，怎么办？"我看着她，淡然地说："我不知道你该怎么办。我只知道如果是我的孩子告诉我，他不想念书了，我会欣然同意，只是我们之间会有一个但书[①]：'如果你

[①]但书即条件，专指法律条文中的例外情况或某种附加条件。

每天在家无聊了，别找我说事，自己想办法。给你上学是你的荣幸，你不去上学，我正好省下你的学费。你要上大学，我会供应你的学费。不上的话，对不起，我只养你到18岁，你得自己想办法过生活。'"我的坚定和不受威胁是我们家小孩很熟悉的，他们不会"无条件地吃定我"（这都是父母惯出来的）。

所有写信来求教我的父母，我只看出一个问题：他们自己需要成长。要改变的是他们自己，而不是孩子。只可惜大部分人都把焦点放在孩子身上，其实从他们写信的字里行间，我就能够读到无力、无奈的绝望感，这说明问题出在他们自己身上。

总的来说，无条件的爱和支持是给孩子最好的礼物，不是拿来操控他们，而是真心地为他们好，背后没有隐藏的议题——我要你优秀，好让我有面子，等等。我父母对我的管束甚严、期望过高，造成我非常多的痛苦，所以我对自己的孩子是采取相反的做法：只是原则性的管教，让他们知道好歹，对他们没有任何为了满足我个人需求而设的期望。我不是说我的管教方式最好，但可以给那些过于讨好孩子、在孩子面前尊严不够，或是只会用打骂来教训孩子的家长做个参考。

虎妈狼爸
在向孩子要什么

　　媒体来家里采访，我们正好谈到"虎妈狼爸"这个问题。有些父母用极为强势的方法管教孩子，获得了不错的成果：孩子学习到了很多才艺，学业成绩优异，甚至进了哈佛大学，等等。媒体问我对此的看法。

　　我说："你们看过那种养斗鸡或是赛狗的人吗？他们和豢养这些孩子的父母没有两样。"是啊，养孩子变成了一种职业，要有投资回报。花费了大笔的金钱和时间，养出了一只优秀的斗鸡或是赛犬，在竞争场上为主人赢得光荣。

　　这样的父母是把孩子视为自己的财产，由着自己的性子养孩子，还采取高压的方式管制孩子，扼杀了孩子的纯然天赋。

　　谈到这里，我的儿子刚好放学回家来和我打招呼，跟我谈了几句后，在众人面前毫不避讳地搂着我亲了一下，还说"我爱你"，

然后就走了。

十几岁的青少年，没有一丝叛逆。媒体很惊讶地问我："他一点都不叛逆吗？"我说："是啊，他需要叛什么？我完全没有压制他、管束他、限制他，他跟谁叛逆？叛什么逆呢？那些虎妈狼爸养大的孩子也是没有叛逆的，但他们的不叛逆是不敢、被压抑了，而不是不想。"

这些孩子将来如果有机会获得自治权，叛逆起来可是不得了。只可惜他们很多人是到中年以后才开始叛逆，这个时候，他们的父母可能早就过世了，他们叛逆的对象可能就是他们的事业或是配偶。"受够了吧！"他们在心里这样呐喊，"我要过自己的生活。"于是他们可能放下经营了很久的职业或事业，180度地转行，或是背弃自己的婚姻，完全不愿意回头。

极有艺术绘画才华、自律甚严的希特勒也是在父亲高压的教养之下、人格被扭曲了的产物，不但自己一辈子得不到幸福快乐，还毁了上千万人的幸福，贻害千古。

我深切地希望天下父母都能看到，自己是否依赖孩子为你去外面挣得面子和光荣，因而对孩子有非常高的期许，或是基于自己的不安全感而在孩子身上强加诸多的限制和要求。我期望所有的父母都能尊重孩子是一个独立的个体和成熟的灵魂，他只需要你的指引，不需要你为他定制一个人生。

请不要把你的道德判断和价值观套在我的身上,我需要的只是你的爱和支持,不是用你自己的标准来衡量我。你不是我,你怎么知道我经历了什么,面对的又是什么?——普天下所有人的心声。

德芬心语

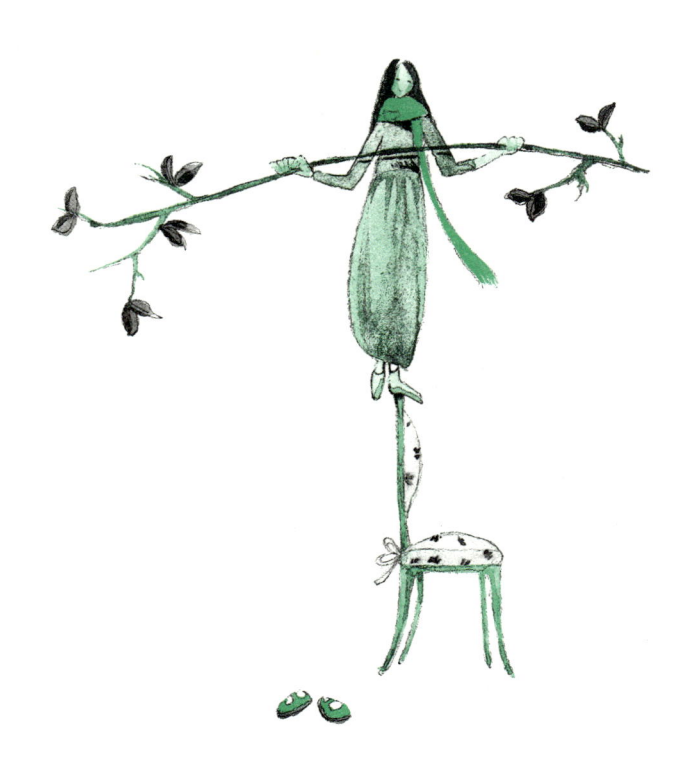

错位的母爱

有位家长写信给我说:"我对孩子家教很严,要求他从小就必须遵守各项规矩。现在孩子上小学了,特别守规矩,但同时也胆小、缺乏创造力。"

这位家长很有自知之明,她知道自己严格的管教是孩子缺乏创造力的源头。

像这类喜欢严格教养孩子的家长,在他们眼里,孩子是一个可以随意操弄的对象。孩子必须按照他们要求的方式生活、做事、呼吸,结果,他们又嫌孩子没有创造力,想要操弄孩子,让其变得有创造力。

这样讲,我希望家长们不要自责。因为显然他们是非常爱孩子的,想要给孩子最好、最安全的生活方式,所以才会不顾一切地想要控制孩子。其实,这类家长的父母也许曾经就是这样对待他们的，所以他们就将这样的教育方式延伸到下一代。或许上一辈父母对他们不闻不问，漠不关心，让他们觉得缺憾，所以要尽力去做好一个妈妈的角色。这些都是捆绑孩子手脚的绳索，同时也是设定孩子人生的电脑程序。这样的家长要亲眼看见自己设定程序的错误和失败，才会愿意改进，放孩子自由。

出于恐惧感和对这个世界的不安全感，以及无知与盲目，我们想要控制我们生命中的一切，以为这样就可以规避风险，保障安全。但是你仔细看看，好好想想，这是真的吗？这样真的就保障安全了吗？你会发现，也许某个部分安全了，但是另外一个部分又出问题了。否则，每天就不会有那么多的意外发生了。就像这位家长的孩子，我相信她的严加管教让孩子产生了很多恐惧，因此造成了他的胆小和缺乏创造力。但是反过来说，也许这是孩子的天性，她无法接受，却还想改变他。

谁说孩子一定要大胆，一定要有创造力？你是教育孩子的大师吗？你说的、你想的就一定是正确的吗？如果你能停止自己对孩子的控制，让他自由地做他自己，也许你会惊喜地发现孩子其他的美好特质。否则这样下去，你就是在残害孩子。

也许你会说，孩子总有做得不对的时候，那总得教吧？当然。孩子绝对需要界限，否则他们会非常迷失，而且感觉不被爱。但是，重点在于家长管教孩子时的态度。如果孩子的行为和言语没有触动你自己内在的旧伤或是情结的话，你管教他的态度和品质是截然不同的。不是吗？

而在这个议题上，做家长的真的需要有高度的觉知和反观觉照的能力。否则，请教再多的专家，读再多的书都没有用，你还是会伤害到你的孩子，而且还浑然不觉。

德芬心语

如果你要求事情要在特定的时间以特定的方式呈现，而对最糟的结果有抗拒和恐惧的话，你就没有真正地放下。唯有诚心地接受所有的发生，才能放下恐惧，而恐惧是唯一阻碍你达到目标的障碍。所谓心想事成，前提就是你一定不能有恐惧，否则再怎么发愿、正面思考都没用，你只是在压抑、隐藏、合理化自己的恐惧。

教孩子学会说"不"

在每个孩子成长的过程中,我们都会教导他们是非对错,当然,这些都是基于我们自己的观念。这并没有什么不对,孩子来到这个世界上,需要学会一些这个社会的游戏规则。我们都会告诉孩子:要听话,听大人的就没错。一方面我们是真的爱孩子,想保护他们,教导他们好歹,免得将来吃亏;另一方面,我们也是为了自己的方便和尊严,不想承认孩子对我们有说"不"的权利。

这样一来,我们不是教养出了没主见、凡事都要问爸妈的懦弱孩子,就是养出了叛逆小孩:从青少年开始就对父母说的任何事情都抗拒,说"不"。这都不是我们做父母的想要的结果。

但是,一个没有学会说"不"的孩子会碰到什么情形呢?这种孩子从小就不断受到父母的"侵犯",没有为自己划定界限的能力。所以,很自然的,长大以后,他们在外面的世界里也不懂得为自己划定界限，不会说"不"，而不断地遭受别人侵犯。

有一部电影让我印象深刻。戏中一个贫穷矿工的儿子由于有跳舞的天分，他父亲倾家荡产，筹了钱让他去参加伦敦皇家芭蕾舞学院的入学考试，全家都非常紧张，想知道他到底被录取了没有。有一天，这个孩子放学回家看到全家人，包括奶奶、爸爸、哥哥，都围在饭桌旁边紧张得不得了，桌上放着学院的来信，生死未卜，等着他拆开。对中国的小孩来说，这简直是不可思议的尊重。

小时候，我的母亲完全侵犯了我的界限，看我的日记，未经询问就把我觉得非常珍贵的东西扔掉。我上大学了，她还阻止我谈一个她不认可的朋友，打电话到对方家里告诉对方，他们儿子配不上我。小时候的我，在母亲面前是毫无尊严可言的。虽然长大以后，我的个性比较强、比较厉害，但是每次有人侵犯我的时候，我都会受到很大的惊吓，然后用很不合宜的方式回应（通常是发脾气、攻击对方）。

是的，我不会维护自己的权益，只会忍气吞声或是激烈反抗。现在回想起来，我之所以会那么暴烈地回应那些侵犯我的人，就是因为我压抑了多年来我对母亲的愤怒。只要碰到相同的不尊重情况，我就会暴怒，把几十年来的这笔账通通算在对方头上。最糟糕的是，由于不知道如何适当地回应对方的行为，我们通常会否定对方"整个人"，而不是针对他的行为做出回应。这就说明了为什么在亲密关系里待的时间久了，双方积怨已深，到最后他们已经忘了其实自己只是不喜欢对方的一些行为，并不是完全否定这个人。等他们发现的时候，可能感觉已经没了，缘尽情了。

那么，在教导孩子的过程中，我们如何教会孩子健康、合适地表达"不"？我们要能够允许孩子有说"不"的权利，第一步要做的就是尊重孩子，了解他是一个独立的个体，只是经由我们来到这个世界，并不属于我们。我们不能透过他来活出我们自己，完成我们未能完成的梦想，或是借由他们来满足自己的情感缺失。如果做到这一点，我们就能让孩子合宜地表达"不"。

当然，孩子的"不"并不永远是对的，大人还是要设立一定的界限，不是每次孩子说"不"，我们就得让步。当我们觉得事关重大，无法接受孩子的"不"的时候，我们一定要做到一件事——同理、承认孩子的感受和需求。

我知道你很想出去玩，玩乐当然比写功课好玩多了。但是宝贝，我们先把功课做完好吗？

我知道你很想吃巧克力，巧克力真好吃。吃完晚饭以后，妈妈陪你一起吃好吗？

我知道你这个周末就想去游乐园玩，妈妈答应你好久了。真抱歉，但是这个周末有朋友要来我们家，我们下周再去好吗？

我知道这个东西不好吃，可是它对身体好。你看看它的颜色，不是

很美丽吗？虽然没有什么味道，可是你吃它的话，你身上的细胞都会微笑呢。试试看好吗？不勉强你。

而作为一个从小被侵犯的大人，当我们再度面临被侵犯的时候，应该如何应对呢？第一，我们要认识到自己被侵犯的事实：对方越界了！他没有权利用那种方式跟我说话，或是他没有权利这样干涉我的事情。

第二，我们要愿意和自己内在那份升起的愤怒做一个联结。感受它，像一把熊熊烈火正在逐渐扩大。当你去感受的时候，你的愤怒是在你的觉知之下的，这样你就不会做出或是说出稍后会后悔的事。

第三，针对那个侵犯行为说"不"，而不是对那个人说"不"。在这里，"非暴力沟通"的技巧就很重要了。

（以上内容来自"真爱的旅程"工作坊克里希那南达和阿曼娜老师的启发。）

当一个孩子从来不曾被支持去信任自己的感觉时,他会失去宝贵的自我敬重以及自己拥有力量的感受,他会开始不安与羞愧。但事实上,如果孩子感觉自己是被爱、被支持的,且能得到大人的鼓励,能按自己本能的聪明才智发展出属于自己的价值观时,他反而会茁壮成长。①

———— 德芬心语 ————

① 克里希那南达、阿曼娜.真爱的旅程[M].桂林:漓江出版社,2011。

孩子不是我们的装饰品

曾有家长问过我这样一个问题:"两岁的孩子,需不需要开始教他秩序与纪律?而面对20岁的女儿,我又该如何去帮助她?"

其实,我自己的两个孩子都不太灵性,尤其是我儿子。每次我儿子碰到一些障碍,我想从灵性的角度跟他做解释时,他都会很不高兴地说:"你不要跟我讲那些灵性的大道理。"即使是这样,我也觉得没什么,因为我允许他有自己的人生路程,要怎么走是他来决定的,我只能从旁帮忙而已。他愿意听,我就讲。不愿意听,就随他去。

跟十几岁的孩子讲灵性,就像在我25岁的时候,你叫我不要吃牛肉一样,是说不通的。25岁的时候,夸张一点说,我宁可死也要吃牛肉。但是现在,你给我吃,我都不会吃。为什么?因为时间到了,有些道理你自然就懂了,你对事物的看法和感觉都会改变。

面对20岁的女儿,我们可以和她分享自己最近看过的书。她看了以后，就可以和我们一起讨论，也可以一同观赏一部电影，然后一起分享心得。如果最近发生了一些有意义的社会新闻，或是朋友之间可以拿来探讨的事情，你都可以像聊天、讲故事一样，和她谈心说笑。但是对两岁的孩子来说，纪律和秩序都会破坏他的天性，这就好比他原本是要长成为一棵橘子树，你却告诉他："我比较喜欢苹果树，所以你这棵橘子树要长得像苹果树一样。"然后去修剪，告诉他该怎么长。其实这都是在破坏他的天性。

事实上，当孩子上学了，如果他在家里能够完全地自由自在，没有被任何规矩束缚的话，他去学校也会非常乖，非常守纪律。但是如果你在家里压迫他，他去学校反而会叛逆，故意搞怪，让同学、老师注意到他。

比如说，我的女儿今年16岁，长得亭亭玉立，比我还高。可是她吃饭的时候，喜欢把脚丫子放到椅子上。我说了她很多次，她就是不听。后来我想，家是什么？家就是让你做自己的地方。你在家里愿意把脚放在椅子上，这不关我的事，我允许你这样做。将来你长大了出去约会的时候，我不相信你还会吃饭时把脚踩在椅子上。

很多时候，我们教育小孩儿其实不是为了他们，而是为了我们自己。我的孩子如果出去没有教养，我会丢人。如果我的孩子学习很差，我也会没面子。所以家长施加各种压力，要求孩子考出好成绩，这也是为了满足自己的某种期望和需求。但孩子的学习成绩难道比他的快乐还

重要吗？

我曾听过一个故事：一个太太，她邻居的孩子长大后都很有成就，都去美国念书就业了。而她的孩子没什么成就，一个在开早餐店，一个在开美容院。这个太太每天早上就到她儿子开的早餐店里去喝豆浆，帮忙招呼客人，跟孙子玩一玩。下午就到女儿开的美容院去跟客人聊聊天、做做脸。而她邻居的孩子一直在国外，偶尔才回来一次，一个月打一次电话都已经不错了。谁快乐？

我们习惯于把孩子当成自己的装饰品，这是不对的。在平时，我们应该有意识地觉察到，我们到底要什么？对我而言，孩子的健康、快乐胜过一切。他的成绩好不好，我觉得不重要，所以我常常跟孩子说："读书不是为了考试，而是为了学习，让你在这个世界上生活时觉得很充实、有成就感。至于你能不能上好的学校，虽然妈妈和爸爸都是美国名校毕业的，但你完全不需要。你去念社区大学，妈妈也会祝福你。"

所以你要解释一下，自己为什么要给孩子那么大的压力。当你不给孩子压力，让他自由成长的时候，也许他到了初三，到了高一，突然就展现出来一些特长或者是兴趣，然后开始很用功地读书，或是开始热衷于绘画。你不知道，如果他注定要成长为一棵苹果树，他最终结的果实就会是苹果；如果他要成长为橘子树，最终就会结出橘子。可是在他还没有结果之前，我只希望他茁壮长大就好，并不需要他结出我想要的果子。你呢？你有没有在扼杀自己孩子的天赋呢？

女人都怕看男人的臭脸。自卑的女人看了就惶惶不安,心里没谱。傲慢的女人看了就来气:你以为你是谁啊?凭什么摆臭脸给我看?有智慧的女人看男人不高兴了,心想:我做的事让你生气了,但我问心无愧,你要不高兴,我很抱歉。生命如此短暂,我不会允许任何人夺走我当下这一刻的喜悦。你是哪一种女人呢?

德芬心语

透过被遗弃，
你能看到什么

我一直以为自己亲密关系的功课修得不错，直到碰到了以前的一个爱人。好像之前的男友、爱人只是来陪我玩的，或是陪我走过一段时光，等待最终的"上师情人""业力爱人"出现。这个爱人教会了我太多的功课，所以我觉得他是我的上师，虽然他的教授方法是无心且常常让我很痛苦，但是在两人的互动、相处中，我的确看到了自己需要学习的功课。

其中，最大的功课就是很深沉、痛苦的遗弃感，我一直不知道自己对这个议题有这么大的恐惧和影响。我父母从小很爱我，但他们的某些行为还是让我承受了很多伤害，造成我的被遗弃感。比如说我3岁的时候，父亲因为一件小事把我丢到楼道中说不要我了，这个巨大的惊吓一直没有被我看见、感受。直到和他在一起，每次我们有争执的时候，他就变得沉默冷酷，躲在自己的洞穴里面不出来。我的反应非常激烈，完全无法接受，觉得他遗弃了我。后来我才发现，原来我的过度反应和小时候的那次经历有关，让我对这种状况格外地敏感、无抵抗力。

好玩的是，以前的伴侣没有让我激起这方面的反应，他们大部分时候都对我很好，情绪稳定，双方吵架、冷战的时候，我不觉得他们封锁了能量场不让我靠近。这个爱人虽然对我很忠诚、值得信赖，但是冷战的时候他整个人就冻成了冰块，完全无法靠近。以前我还没有足够的觉知去了解什么是"被遗弃"的感觉，现在时候到了，是我该面对它的时候了，所以他就为我带来了这个重要的人生功课。

同时我也了解到，在和他的关系中，我投入如此之多，他成了我的一个避风港，所以我可以不去面对生命中的一些痛处：孤独感、沮丧感，他成了我人生的"奶嘴"，用来抚慰、逃避我的挫折感。因此，每当我们有争执，而他切断了我们之间的联结时，我会格外地惊慌，感觉要窒息了一般，完全没有理由地退化到一个5岁孩子的状态。

我自己也纳闷，写了那么多书，可以说出那么高深的道理，对别人的问题常常可以一针见血地开立药方的我，为什么碰到关于自己爱人的问题时，我就完全失去了平时的从容淡定、智慧优雅、成熟干练？原因其实很简单，每次碰到自己深沉的心灵伤口时，我们就立刻退化成一个无行为能力的孩子，完全的自私、不讲理，只希望对方能给我们一个"奶嘴"——一个拥抱，一个眼神、微笑或是一句温暖安慰的话语，什么都行，只要别让我在这里撒泼哭闹没有人理。

但是很抱歉，在这种情况下，我们的伴侣通常是自顾不暇的，因为他勾起了我们的伤口，我们过度、偏激的反应也让他进入到自己的伤口之中，变成一个无行为能力的5岁孩子，所以他立刻展现他的"自动防御机制"——躲到洞穴里，对外面发生的事情不闻不问。

我的自动防御机制是攻击，而有些人是粉饰太平、假装什么都没发生，有些人则是逃避、躲藏。只要我们进入孩童的退化状态，每个人的自动防御机制就会被启动。这时候该怎么办呢？

和这个爱人经过多次激烈的斗争以后，我自己都厌倦了这种不成熟的处理纷争的方式。后来我终于学会了在两人发生争执后（也许我还是说了不该说的气话），试着回到自己的中心，看到自己那个无助、脆弱的内在小孩正在撒泼瞎闹。其实你的反应跟对方是无关的，他的言行只不过勾起了你旧时的一个伤口，你不需要他为你过去几十年累积下来的痛苦埋单。在这一点上，自我负责是非常重要的：为自己的情绪负责，而不是投射到对方身上，要他负责。

每当这个时候，我会做一些让自己冷静下来的事情，听音乐、出去散步、和小狗玩一玩、泡个澡——任何能让你回到自己中心，和自己内在那个母性的本质相连的事情都可以。找到自己内在那个"母亲"，她才有能力安抚你，处理你当下的情绪。很重要的一点就是，在"内在母亲"的陪伴下，老老实实地去感受那份伤痛，它通常会在我们身体的某个部位展现出来，我们是否能够不逃避，而是乖乖地任由那份痛啃噬着我们，看看它到底能把我们怎么样？

　　下次再有这种情形的时候，你可以试着想象一个脆弱的、无助的小孩正在你眼前撒泼哭闹，把他搂在怀里（你可以去抱一个坐垫或枕头），好好地抚慰他。当我们学会了为自己的情绪负责，自我安抚负面情绪时，我们的亲密关系，甚至和所有人的关系都会有戏剧性的变化！

　　不过关于这个爱人，最终，我看到我们两个人其实是在基础面就非常不合适的——他过于自卑敏感，我有时候粗线条的言行会不断地刺痛他，他是一个属于哈姆雷特似的悲剧人物，我没有修到有足够的能量去包容他不断选择去创造自己悲苦的人生情境。但是，无论是和他的相处还是分手，我都学到了巨大的功课，所以，我非常感恩这段相遇。只希望我的功课能够做完了，不要下辈子还要继续修，那就太累了。

德芬心语

跟你爱的人在一起时，如果永远都是依据理论、对错行事，也许你可以证明自己是对的、有理的，但你会失去对方的心，也改变不了对方，而且惹人讨厌。

03
你装得下世界，世界才会容你

亲爱的，外面没有别人，
这个世界的人、事、物都是一面镜子，映照着我们内心的世界。

担心爱人变心是最不划算的投资。有那时间、精力,不如放在自己身上——心灵成长,变得更健康、智慧、喜悦自在,这样的人是人见人爱的。如果对方不识货,离开了,你绝对还有其他机会,毕竟没人会喜欢受害者心态的弃妇,而健康、快乐、有智慧的人却到处受欢迎。

德芬心语

亲密关系
究竟是怎么回事

每个亲密关系有问题的人，一定都是与父母"有未完成的事项"，他们的父母关系一定有很大的问题。其实，说白了，每个人都是在亲密关系中寻找童年的遗憾。有些人很幸运，真的找到了一个像爸爸或妈妈一样的爱人，但有些人则是必须面对儿时的旧痛，勇敢地在亲密关系当中去修复。

我就碰到过一些童年缺乏父爱或母爱的人，他们非常清楚自己想要什么样的伴侣，所以通常会找一个跟自己条件有些差距的人（年纪大很多，相貌比较平凡，或是经济条件不佳等），因此对方会特别珍惜、疼爱他们。而那些不清楚自己想要什么样关系的人，如果就这样一头"栽"进婚姻里，通常就会被迫重温儿时的噩梦——小时候不被父母尊重的人，会被伴侣鄙视；小时候被打骂的人，会被伴侣暴力相向；小时候缺乏温情的人，也会找到比较冷漠的伴侣。所以，非常清

楚地知道自己要什么的人，通常可以在亲密关系当中少受苦。

有人说，亲密关系是最好的修行道场。这话一点也没错，不过，不是每个人来到这个地球上都要正儿八经地修人生功课的，我不觉得人生需要如此严肃地看待。但是，当我有过不去的坎时，我会把它视为我人生的功课，心甘情愿地去修它。

我的前夫非常像我的父母：对我有很高的期望，以我为荣，但是又会非常严厉地要求我、批判我。当我结束与他的关系之后，我发现，这门功课我已经修完了。我不再那么在乎母亲的批判了，而父亲对我的期待，我也可以像一条鱼一样轻轻松松地把它甩开。当我能做到不再把父母的意见、期待、喜怒哀乐背在自己身上的时候，我和他们的关系其实变得更好、更融洽了。

关于亲密关系，我认为有一个比喻形容得很妙：亲密关系就像银行里的一个账户，你需要不断地存钱进去。每次双方有争执的时候，就相当于是从里面提"钱"出来。如果我们不再继续往里存钱，总有一天，这个账户就会透支。而婚姻关系通常是让两个人都不愿再往里存钱的重要心理因素。其中的一方会觉得：都结婚生孩子了，你跑不掉的，所以我可以任我的性子做事、为人，不需要讲道理，也不需要改变自己。对另一方来说，这种行为和想法就是从账本里面不断地掏钱。

我和前夫结婚的时候，我告诉他，我挣的钱，每个月都要拿一些去孝敬父母。当时，他立刻反对，理由是："你嫁给我，你就没有家了，现在是我们的家，这些钱不是你的钱，是我们的钱，你不可以拿回家给你父母。"我当时很傻，觉得他说的话有道理，而且他态度坚决又蛮横，没得商量，我也就委曲求全地答应了。不过我还是会尽量想办法挪钱回家给父母。当时的我竟然没有看到他的无理和霸道，不会和他沟通说："既然是我们两个人的钱，为什么你一个人来决定该怎么花？"对我们的感情账户来说，这件事情就是一种情感的严重透支。

回首那段失败的婚姻，我最大的感慨是：前夫没有在婚姻中赢得我的尊敬，他没有继续往我们的感情账户里存钱，最后账户的钱被取完了、透支了，他却浑然不觉。而我应该要学习如何好好沟通，告诉他我心里的真正感受，而不只是在心里埋怨他，也赌气不往账户里存钱，任由那本重要的支票簿透支了。

面对爱人，我们的态度应该是：不断拿他来照镜子。每次对他有要求、埋怨的时候，我们也许还是会发泄出来，但心里要清楚明白，他只是在提醒我内在没有修好的那个部分。比如说，我们也许最害怕男人的冷暴力，一有争执，对方就冷漠以对。这种行为可能就会映照到我们内在那个害怕被遗弃、害怕去感受孤独的小女孩。所以，每次有这种情形出现的时候，也许是当时，也许是事后，我们都会看到自己内在那个在黑暗中哭泣的小女孩，这时候，就可以把注意力回收到自己心里，在那里安慰她、陪伴她。

有一位老师曾经说过，亲密关系是人间最大的幻象，我感觉的确如

此。表面上夫妻、伴侣生死与共，执子之手，与子终老，但实际上，我们都是孤独的个体，没有人可以和你完全地融合，满足你内在的所有需求。与其去要求对方来迎合你或是为你改变，倒不如看进自己的内心深处，找到那个童年受创的小孩，跟他好好对话、相处。所以，最佳亲密关系的秘诀就是：做你自己想要的那种父母，去照顾、安慰你的内在小孩。这样，你就会成为自己最佳的伴侣，也成为你配偶的最佳伴侣。

德芬心语

亲密关系最大的冲突来自我们期待对方满足我们的需求。如果我们能够学习满足自己的需求，尤其是内在对"关爱、呵护、认可"的需求，那么你的伴侣就是世界上最幸运的人，而你就是世界上最幸福的人。

每个亲密关系都是量身定做的

有些男人很不喜欢自己的女人外出，他们担心伴侣的人际交往过于频繁，会让自己没安全感。碰到这种类型的男友、老公，女人要学会享受自己的快乐，不受对方的影响。当你可以自我享受的时候，他的臭脸要摆给谁看呢？

和一个朋友聊天时，她突然说起了自己婚姻的困境。她说，其实也没有什么大问题，就是和老公愈来愈不合拍。老公不喜欢社交，不喜欢学习上进，非常封闭自己。除此之外，她出去做事、交友，他一点都不喜欢，只希望她天天在家里等他下班，陪伴他。只要"在"就好。但是她喜欢做事，喜欢交朋友、往外跑。

唉！亲密关系上的障碍都是为每个人量身定做的。如果对方的性格、行为是你能应付和掌握的，而且和你是不起冲突的，那你一定不会爱上他或是碰到他。

凡是碰到的亲密关系，里面都有功课要修。

她告诉我她最大的痛苦就是出去后高高兴兴地回来，却看到老公在家里臭脸相向。她甚至想离开他，干脆自己过，反正孩子长大了，都不住在家里了。

我跟她说："你没有权利要求他不对你臭脸相向，就像他没有权利要求你不出去做事、玩耍一样。"她是个成熟而且有智慧的女人，当下就非常同意我的观点。然后我建议她，既然孩子都走了，家里空间比较大，不如布置一个属于自己的私人空间，比较隐秘，可以关上门，有自己的私密性。空间里面可以放一些自己喜欢的家具摆设、书籍、音乐、电影等，完全属于个人兴趣的东西。当他每次臭脸相向的时候，你就进到自己的私人空间里，享受自己的时光。反正连和他分手都想过，就当作你已经和他分手了，一个人快乐地享受自己喜欢的事物，不要受到他的影响。她觉得这是个非常好的主意。

我告诉她，臭脸摆出来是要有人看的，如果没有人看，没有人接收，这张臭脸肯定得改变。

夫妻之间有冲突一定是双方都坚持自己的立场不肯改变，而且还想要对方先改，所以是无解的。如果其中的一方先改变，另一方就不得不变了。这是一个双人舞步，一退一进、一进一退，屡试不爽！

一般人所谓的爱，其实都是控制、占有和恐惧的代名词。一朵花不会说："我只为好人芳香，不为坏人绽放。"太阳不会说："我只照耀好人，让坏人在黑暗里哭泣。"真正的爱没有对立，没有条件。检验你是否真爱一个人的最简单的方法是：你的快乐是否系于他？

德芬心语

要忍心
让你爱的人受苦

"玉不琢不成器,铁不炼不成钢",这句话用在我们人身上是最合适不过了,很多人都听过这句话,可是轮到他们或是他们心爱的人受苦时,他们就没有那么淡然洒脱了。

我曾经说过,痛苦是成长的最佳燃料。燃料?啥意思?就是要燃烧,要痛苦。但是,也有很多人,苦受了,却无法成长或是受益,这是为什么?原因很简单,你是否能在痛苦中成长,取决于你对受苦的态度。如果你觉得自己是一个不折不扣的受害者,一切都是别人或老天的错,那么很抱歉,你虽受了苦,却学不到功课。

人生最大的成长来自在受苦中,我们保持着信心和希望,把苦难的考验当成功课来做,认为这不是老天恶意的玩笑,而是他精心为你安排的培训。培养接受自己内在负面情绪的能力(和它们共处于当下的能力），多看看书，多和有生活智慧、对你关心的友人交谈，这样会让你比较快地走出痛苦。当我们被苦难撕裂、击倒、折磨到不能承受，却还是能微笑地面对的时候，你会发现自己的内在空间扩大了，内在力量增强了，同时，对自己和对这个世界也更有信心了。

很多人应该都吃过"茶叶蛋"，我每次买的时候一定要挑蛋壳破裂最多的，这样才最入味。同样，我觉得人生经历愈丰富，挫折愈多，也就是生命皱褶愈多的人，愈有味道。苦难真的可以帮助一个人成长，而之后的快乐自在是你想象不到的。

也许我们自己可以接受痛苦，再多的苦难都不在乎，但是，如果是我们特别关爱、心疼的人受苦，我们就很难等闲视之。所以，当我们看到所爱之人受苦时，自然而然会想帮他们脱离痛苦，于是就会为他们扫除障碍。

比如当孩子的玩具坏了，很多家长就会说："再帮你买一个更好的！"其实，这不是在帮助孩子成长，而是在扼杀他们成长的机会。我们不是不能再买一个，而是需要先说明、引导孩子看见：玩具是东西，所有的东西都会有毁坏的一天。当它坏了的时候，我们可以为失去它感到伤心，但是同时也要"认命"地接受这个事实。如果孩子能够学会这一点，这就是你送给孩子最好的礼物！跟旧的东西好好说再见，当你真正地放手了之后，我们可以去享受下一个新的东西，而不会有任何的遗憾！

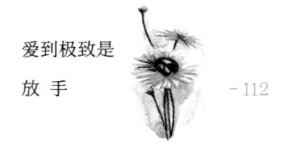

另外，当我们爱的人为了某些事情受苦时，我们很想出手帮他们解决问题，可我的观察是，如果你给他们一些时间和空间去让他们自己解决问题，你会发现他们将变得更有智慧和自信，内在也会更有力量！

有人看到一只蝴蝶挣扎着想从蛹里脱离出来，他出于好心地帮蝴蝶剪开了蛹。但没想到蝴蝶出来以后，翅膀却张不开，最后死了。挣扎的过程正是蝴蝶需要的成长过程，你让它当时舒服了，可是未来它却没有力量去面对生命中更多的挑战。你希望自己爱的人永远做毛毛虫，还是希望他化身成一只光鲜亮丽的蝴蝶？如果你希望你的爱人能化身成蝴蝶，那你就得忍受他在蛹里挣扎，以及将身体里的液体压进翅膀时的痛苦过程，这样，他才能破茧而出、展翅高飞。

但说实在的，我们不能看爱人受苦，不是单纯因为爱他们，而是因为无法忍受自己内在的那种焦心、揪心的担忧和心疼，我们自己的脆弱，使得我们无法承受内在的情绪冲击。这时候，你可以带着内心对他们最大的爱意，接受自己内在情绪的起伏波动，在他们身边为他们加油打气（而不是亲自去帮他们扫除障碍，或是陪着他们一起愁烦），帮助他们靠自己的力量去渡过难关，这样一来，你们两个人就一起成长了。

为你爱的人留一个空间

为什么恋爱中的人那么幸福?
为什么热恋会让人如此陶醉?
为什么有些人让你那么舒服?
为什么结婚愈久就愈没有感觉?

我觉得关键点在于:你有没有为你爱的人在心里留一块空间?

我们都知道刚恋爱的时候,彼此眼中只看得到对方的好处和闪光点,这个时候,我们的心里留了好大一块空间给对方。我们关注对方的一颦一笑、喜怒哀乐,所以对方觉得第一次被一个人这么无条件地包容和接受,让他觉得自己特别与众不同。更重要的是,对方觉得你是完全和他同处于当下的,你的内在有一块空间是为他而留的。

而这是我们每个人心中永远的痛。

因为在小时候，我们最需要有人全心陪伴、接纳我们的时候，父母通常因为比较忙碌而疏忽了我们，没能够给到我们想要的那种关注。他们眼睛看着我们，脑袋里却想着别的事，很少能够专注地注视着我们，陪伴我们同处于当下的时刻，所以我们感觉不到他们临在的质量。

但是，当你恋爱的时候，"那个人"完全满足了你儿时最匮乏的需求：他视你为特殊的人，他为你保留了一块空间，随时关注你。这是多么大的满足啊！在情人的臂弯里，在情人的注视中，我们有天荒地老、此情不渝的感觉。

然而时间一久，当两个人结婚或是交往很长的时间之后，一切就不一样了。天天看，天天见，久而久之，你愈来愈像家里的家具——少了会觉得怪怪的，但是放在那里又觉得理所当然。我们需要对方给我们一点高质量的时间，心里拨出一点空间给我们的时候，却发现对方心里满满地充斥着他的工作、朋友、兴趣、家人，就是没有留一块空间给你。

所以，想要两情长久，在心里为对方留一块空间是非常重要的。婚姻是需要经营的，即使你心里知道，要留一块空间给对方，可能这块空间也会被你的积怨遮蔽掉。在亲密关系中，坦诚的沟通也是非常重要的。每次吵完架，我们一定要剖心掏肺地和对方谈谈，并且商议下次争吵时应该采取的措施和预防争吵的策略。当然，有时候，在两个人都有一定的觉知和智慧下，争吵也可以是很有建设性的。平常，为了和睦相处，双方可能都有一些话没有说出口，在争吵的时候，可以一吐为快。但这种倾吐不是攻击，只是说出自己心里真正的感受，也许这种感受很孩子气（我帮你做了那么多事，你都没有说"谢谢"），平常不好意思说，趁着争吵的时候全都说出来。如果爱的基础稳固，双方因此就能有更多的理解和宽容。

不仅是亲密关系，我觉得亲子之间，你也可以在心里为孩子留一块空间。我自己状态好的时候，孩子来到我面前，我会毫无防备、毫无异议地看着他，享受他的样子和他的存在。并且觉得自己怎么这么棒，会生出这样的孩子。这时候，孩子的心里会非常舒服，虽然你什么话都没有说，只是静静地看着他，为他在心里留出一块空间，他就已经全然理解和感受到了。

但是当我状态不好的时候，如果孩子来到我面前，我就会开始想找碴，总是看他有什么不对劲。不是太胖（我儿子）就是太瘦（我女儿），然后就会用妈妈的口吻说："功课写完了吗？今天吃零食了吗？"总之，就是想挑他们的毛病。如果在我非常忙碌的状态下，孩子过来时，我会非常敷衍："好啦，要钱给钱。"如果孩子问什么事情好不好，我就尽量说"好"，以便打发他们离开。遇到这样的情形，孩子心里就会感到不舒服。久而久之，他们会知道自己在妈妈心目中的价值是什么。当我发现了这一点后，孩子来到我面前时，我总是立刻把注意力放到他们身上，让他们知道，我有多重视他们，我的心中随时随地都

为他们留了一块空间。

内在空间,你需要留给自己,也要留给你爱的人。

───── 德芬心语 ─────

亲密关系中,如果你是一个不懂得维护自己权限的人,你就会碰到一个来控制你的人,而且两人之间的关系还容易越界,跟我们成长过程中的有些父母一样,他们会侵犯你的界限,不懂得尊重你。所以伴侣通常是来帮你修你与父母之间没有修完的功课,而完成这个功课最好的方式就是:心安理得地做自己。

以最大的善意回应别人的求爱

人的每个行为后面的动机其实都在求爱。哭泣也好，愤怒也好，谩骂也好，讲理也好，都是在呼求爱。每个人都希望自己是独特的、被爱的、重要的（放下这些需要，我们就开悟啦）。

聪明的人求爱的方式比较高明，他们懂得如何去称赞别人或自己，很努力地为别人付出，让别人无可挑剔，心甘情愿地给出他们想要的东西。这就是一种双赢的局面。

而有些人求爱的方式很笨拙，他们以为，自己得不到爱，所以让对方痛苦就会有爱的感觉。谁知道，对方痛苦之下，我们自己会变得更加痛苦，没有例外。我不相信有哪一个人会因为看到别人受苦而快乐！虽然他们的行为可能是加害者，但是他们真的只是困惑的孩子。他们以为让对方受苦，他们就会快乐。因为让别人受害以后，他们可能会有短暂的报复快感，他们觉得这样总比自己一个人难受要来得好。

但是我相信在这些人的内心深处，他们是有内疚和自责的。但是因为害怕面对这些内疚和自责，他们只好振振有词地合理化自己的加害行为，把对方妖魔化，好让自己的良心好过一点。或是用一些大道理为自己的行为辩护，其实，内心的出发点是害人害己的，可惜他们没有足够的智慧去了解到，让别人快乐所得到的快乐才是最能够持久的。

可能这些人小时候习惯用这种方式去索取爱，去试图得到自己想要的东西，他们完全没有意识到这种方式是愚蠢的、两败其伤的。就像最近发生的一些街头暴力、冲突，好端端的一个两岁的小孩，因为大人的意气之争，被活活摔死了。而当时根本没有发生什么大不了的事情，纯粹是双方的面子挂不住，逞口舌之强，害死了一个无辜的孩子。

明白了这点，当别人以不正当或是不明智的手段求爱（或是求面子）的时候，我们就知道了：其实那张凶狠、愚昧、可恶的面孔后面，只是藏着一个受了伤的孩子在乞讨更多的爱而已。他需要的只不过是一份理解、尊重（即使一开始是他自己的错）。

如果我们自己的内在够宽广、够慈悲，何不尝试着给他一点爱？如果能够先放下自己情绪上的需要，用最大的善意和爱去回应别人不当的求爱行为，对方的行为一定会改变。我就听到这样一个真实的故事：

一个又累又饿又没钱的杀人通缉犯，站在一个水果摊前，看着肥大的甜橙，摸着自己手中的刀子，想要再用暴力去取得自己想要的东西！

水果摊老板看到他的疲惫、渴望和窘态（穿得破破烂烂，肯定没钱），于是大方地塞了一个橙子给他，挥挥手让他走了。第二天，通缉犯又来了，老板看到他，二话不说，又给他塞了两个橙子。来了几天之后，一次老板发现，自己的水果摊上有一张报纸，上面竟然是通缉犯的照片，悬赏三万元。这下老板不敢掉以轻心了，连忙通知警方。第二天，警察布下了天罗地网，准备充足的警力来逮捕这个暴力的杀人犯。没想到他一出现，就束手就擒，毫不反抗。事情结束后，老板又发现果摊上有张字条，上面写着："我已经厌倦逃亡的生涯了，谢谢你的善心，给了我最大的温暖和勇气。三万元赏金是我唯一可以报答你的。"

这个社会需要这样的祥和！

一个好的亲密关系中的爱是循环流动的，你给出去，对方收下了，然后又以更多的爱回应。如果你规定对方的回应方式，或是你给出去的爱不是对方想要的方式，爱的流通就会受阻。以对方想要的方式爱他（但不是委曲求全地失去自己），并且接受他独特的回应方式，你就会拥有历久弥新的亲密关系。

德芬心语

期望其实是一种负面的能量

很多女性朋友都喜欢抱怨，抱怨她们的另一半，抱怨婚姻生活不幸福，然后这些抱怨都会回归到同一个问题——该留下还是离去。

我们都知道，关系是修行最好的道场，你的配偶绝对是你修行的最佳对象，否则你不会遇到他。可是，每个人的功课都不一样。该去该留，外人岂能随意下定论？

拿我妈的例子来说，她就直言，当年如果她有谋生能力的话，早就带着我和我哥跑掉了，不会和我爸过下去。但是，爸爸到了晚年，摇身一变成为标准丈夫，对我妈疼爱有加，两人现在如胶似漆，互相照顾。所以，该离或不离，真的是很难说的事。

我曾经上过克里斯多福·孟[①]老师的课，他也谈到了这方面的

[①] 克里斯多福·孟，世界著名知见领袖训练师、心理治疗师、演说家、作家。开设了"生命教练训练工作坊""生命教练进阶训练工作坊""父母关系工作坊"等课程，深受欢迎，著有《亲密关系：通往灵魂的桥梁》（上海文化出版社出版，2012年3月），《找回你的生命礼物》（山西经济出版社出版，2009年2月）。

议题。我把上课抄的笔记（不完全，而且加了自己的话，不过意思大致如此）写在这里和大家分享。

抱怨显示了你的无力感（powerlessness）。

你把快乐附着在他的行为之上，所以你就把力量给了他，并没有为自己的快乐负责。

你觉得你为他而改变了，可是你有一个隐藏的议程（目的—hidden agenda）——"我改了，所以你也应该改。"他不是不了解，他还不改是因为你希望他改，他探悉到了你的意图。

期望是一种负面的能量，它只会带来失望。

你被囚禁在这个情境中，没有人规定你要留在这里，但是你忍受它，被它囚禁。

首先你要了解到婚姻是一个自由的选择，他没有义务要改，你也没有义务要留下。你有自由离开，所以你也有自由留下。当你看见：我不需要待在这个婚姻里，我也不需要守候着他，那个时候，无论你的选择、决定是什么，都是自由的，而且是心甘情愿的。

我们像囚犯——他行为的囚犯，由他的行为来判决我们快乐与否。

想要待在关系中，你必须承诺去接纳自己内在的不安全感和痛苦，并且认清他永远不会改，与这个事实和平相处，而且这是一个选择！当你投注心力和能量在努力改变他的行为之上时，你就会被折磨，而且对他和他的行为过度地重视和依恋。

你能以他现在的面目爱他吗？

当我们对一个人有期望时，比如说，你要求他陪你，要浪漫，要负责，这时你就会看到对方不陪你，不浪漫，不负责任。你的期望其实注定了你会从对方身上得到一个负面的经验。

让他做他该做的，接受他不会改变的事实。这并不是说你必须要待在这个婚姻中，但是你必须找到一个方法和他的行为和平相处。

看着他，你是否能够放下你的期望，以他现在的样子爱他，并且接受他？

对任何事情有期望都会让你受苦。

关系的两大杀手，头号就是期望，其次就是"要对"！两人之间小我的战争总是要分出来谁对谁错，而没有一方要成为"错的"那一方。两个人都要对，难免两败俱伤。

我觉得克老师这里说的"期望"，是相较于"希望"来说的。"期望"是说，如果得不到，我就会失望、伤心、难过。而"希望"是说，我希望你能这样做，但是如果你没有做到，我也还是很OK。如果我们只有希望，没有期望，日子会好过很多。期望就意味着落空，而希望可以激励我们朝自己想要的目标迈进，如果没有成功，我们还是可以活在平安喜悦之中。很难！但是，可以作为我们的一个目标。

你装得下世界，
世界才会容你

在我们的生命中，某些时候，我们可能会痛恨一个人，因为，我们对他（她）有满腔的愤怒无处发泄，这就会演变成恨意。仇恨和愤怒都是双刃剑，伤对方也伤自己，其实通常是伤自己来得多。

为什么会对一个人有愤怒？当然，一定是对方做的事或说的话让你受伤了。这个伤通常是心里的伤：被抛弃、被背叛、被误解、失望等，继而引发伤心、痛苦、罪咎、羞愧、悔恨等情绪。啊，找到元凶了，原来我们无法原谅的，其实不是那个人或是那件事，而是因它们而产生的情绪让我们无法招架。当我们不愿意为自己内在的情绪负责，更不愿意去感受它们的时候，我们就去责怪、怨恨那些为我们招来这些情绪的人。

所以，爱人有外遇，不是他的行为伤害了你，而是你内心被激起的被背叛的感受让你无处可逃，痛苦不已，所以会采取一些手段对付他。对方说的话让你生气,不是因为他说了什么,而是他说的东西勾起了你内心被贬低、无价值、被误解等不同的感受,引发痛苦的情绪,让你无法承受,所以你用愤怒反击回去,目的在于让自己不要感受到这份痛苦。

有些人的怨恨还不仅止于此,甚至是"转嫁"情绪,自己无法承担面临的痛苦,所以迁怒别人。

记得有位朋友曾经告诉我这样一个故事:在美国有对夫妻,他们的大女儿在暑假的时候想和同学租车从东岸开到西岸,再坐飞机回东岸。妈妈反对这个主意,认为太危险,不支持。爸爸觉得让孩子做自己喜欢的事没什么不好,因此,用自己累积的飞机里程换了一张回程机票给大女儿。

很不幸,出事了。孩子们晚上开夜车,太累了开始打瞌睡,车子滑入对面车道,和来车对撞个正着,大女儿当场死亡。

在停尸间里,爸爸流着眼泪亲吻女儿的遗体,妈妈是连站起来的力气都没有。但是她有仇恨的力量,她宣称,这辈子都不会原谅自己的丈夫,后来他们就离婚了。这个妈妈就是一个典型的迁怒例子:自己承受不了失去女儿的痛苦,化悲愤为力量来对付自己最亲的老公。失去女儿就算了,由于无法接受失去女儿的事实,没有办法和自己悲痛的情绪相处,所以她选择怨恨老公一辈子作为报复,这既伤害了老公(失去女儿又失去妻子),也更加伤害了自己(失去女儿又失去老公)。唉,人啊。

记得有一则台湾新闻让我很感动。有一天,一名台湾大学的教授在公园散步，无缘无故被一个有烟毒瘾的惯犯杀死了。教授的太太闻讯之后，悲痛地赶到现场。记者问她有什么感受（记者有时真无情），她居然说："我原谅那个杀人犯，他不知道自己做了什么。"这个伟大的妻子一直让我非常仰慕和感动。她能够接受老公已死的事实，并且和自己悲痛的情绪相处，不把它们投射在杀人犯身上，变成一辈子的怨恨和遗憾，真是太棒了。她一点都不需要修行，她本身就已经是个菩萨了。

再举一个例子来证明，让我们产生愤怒情绪的不是那件事情，而是我们对事情的看法。我们看事情的角度衍生出了我们不想承受的各种情绪，因为不想承受，所以用愤怒的方式找人讨回公道，来逃避我们的难受。

金庸的《天龙八部》大家应该都很熟悉，王语嫣一直苦恋表哥，痴缠不放。偏偏段誉也是死心眼地喜爱她，穷追不舍。在一口枯井里，王语嫣亲眼看到表哥是如何不顾她的死活，而段誉是愿意为她去死的。霎时，她的心意变了，开始对段誉有好感，不再痴恋表哥了。

接下来，她偷听到了表哥和其他人的一段对话。原来表哥为了重振自己的大燕帝国，不惜到西域国家去应征驸马，好增强国家实力。要是在以前，王语嫣听到这段话一定会伤心得晕过去，可是，由于她心意已变，听到这番话后反而有如释重负之感，心中甚至暗自祝福表哥能够成功地选上驸马，免得对表哥怀有内疚。

人真是好玩啊，一个念头的转变，竟然会让自己的感受、反应如此不同。说了这么多，我就是想帮助大家（也是帮助我自己），把对外投射的眼光拿回到我们自己身上。亲爱的,外面没有别人,这个世界的人、事、物都是一面镜子,映照着我们内心的世界。有的时候反照出来我们内心阴暗的一面,我们不愿意去看,就愤怒地摔破镜子。不过,镜子永远不会"断货",它们会源源不绝地出现在你的生活中。

什么是修行?这就是了。

德芬心语

当他跟你说"我爱你"的时候,你要有个清楚的解读。他爱的是爱上你的感觉,他爱的是你让他感觉良好的那些优点。等到你让他感觉不良好的时候,再去看看他还能不能表现出爱你的行为。如果他能够和自己内在那种不舒服的感受同在,依然表现出关切你、爱你的态度,这个男人就太难能可贵了。

我祈祷,当面对你的无助、挫折、愤怒、伤痛时。我祈祷,让上天协助我与你的灵魂,深深联系。我祈祷,当我也束手无策时……我祈祷,因为我知道我的有限……既使你离开时,我也不会为你担心,我会,为你,祈祷……[①]

德芬心语

①《祈祷》(pray),摘自华德福教师的祈祷文。

非暴力沟通：
所有关系都是
你和自己的关系

伴侣之间为什么要经过大吵一架后，两个人的感情才能更进一步？这就意味着这两个人的关系在平时可能处于一种小心翼翼的状态，双方都不愿意说真话，到最后，其中一个只能妥协、忍气吞声。等到吵架之后，双方积攒的负能量都释放出来了，关系可能就会更进一步了。

另外，比较隐晦的一点是，有时候，夫妻性生活不和谐，他们会通过吵架来发泄，因为吵架也是一种能量的爆发和宣泄，跟性生活其实是相近的。很多性生活不和谐的情侣，他们就用吵架来作为一种沟通的方式。因为性生活、性行为是双方裸裎相见，而且必须在完全没有设防的状态之下，你才能够享受。在那个状况之下，你是很脆弱、很不设防的。

在这种情况下，夫妻双方生活久了就不太喜欢做爱了。怎么

办？他们的能量何处去呢？只好用吵架来宣泄。有时候，这种情形再演化下去就会发生外遇。

克里斯多福·孟老师就说过，外遇其实是夫妻之间想要关系更进一步，彼此更靠近对方的一个表征，而且外遇是两个人的潜意识都同意的——我们的婚姻现在可能走不下去了，所以其中的一方必须通过外遇来让两个人决定：要么就好好地待在一起，要么就彻底分开。

我觉得世界上所有的关系，其实就是你和自己的关系，就像克里斯多福·孟老师说的，吵架需要两个人，而和好只需要一个人。所以总结来说，我们还是要把自己修好，这是最重要的。你把自己修好了，你的沟通能力就变得很好了。

《非暴力沟通》①这本书讲到了沟通有四个步骤：第一个步骤是，陈述对方所做的事情或所说的话，但是你要表达得很精确，并且不能有任何的情绪和批判在里面。比如说，"你每次下班晚回家都不打电话给我"这句话听起来是事实，但"每次"这个词可能就有一点问题了。讲话的时候，你可能就要改成"你有时下班晚回来都不打电话告诉我"。第二个步骤就是述说你的感受。他的这种行为给你带来了什么感受：让我觉得很伤心，或是让我觉得很不舒服。第三个步骤是，要为自己的感受负责。你的伤心或不舒服是因为你对他有要求和期望，而不是他的行

---

① 马歇尔·卢森堡.非暴力沟通[M].北京：华夏出版社，2009。

为让你伤心。举例来说，如果你自己在家里上网玩游戏特别高兴，可是老公一回家就不让你玩了。可能在这种情况下，即使他不告诉你他会晚回家，你都会很乐。所以，第三个步骤你可以说"因为我希望你能够比较重视我，让我知道你的动向"，或是"因为我希望知道你究竟什么时候回家，我好安排我的时间"。把引发你情绪的原因和责任放到自己身上。第四个步骤就可以告诉他，你希望他能够做什么，向对方反映你的需求，然后具体提出你的要求。比如说，"我希望你如果不回家或者晚回家的时候，让我知道"，或是"你以后可不可以尽量试着打电话回家或至少发条短信给我"。

"非暴力沟通"在全世界都很流行，可是我自己在练习的时候常常觉得不容易做到。我觉得这种方法对不熟的人、对上司，也就是那些你对他有些情绪，但又不想得罪他的人很有效，有时候对小孩子也可以。因为我的小孩都很大了，我要再骂他们，他们只会反叛，所以我必须用这种非暴力沟通的方式跟他们沟通。

可是这种方式用在亲密关系上就比较难见效。因为其中一方通常是另一方的情绪垃圾桶，一有情绪出来就往他身上扔，然后觉得不骂不爽，所以很难做到这一点。这时候，你真正要面对的其实是自己的情绪。在你身体好、精神好、负面情绪少的情况下，你比较有能力采取"非暴力沟通"；如果你自己的身体不好、情绪不好、负面想法很多时，你想做都做不到。

跟别人在能量上牵缠在一起，是让我们没办法活在当下、没办法快乐的一个很重要的原因。因为你想，你的能量跟另外一个人的能量牵缠在一起，他开心，你就开心。他要有事，你就想去拯救他。不只如此，你还要对方的关注、认同、赞赏，这也是你跟别人的能量牵缠在一起的方式，但这其实并不是真正的亲密关系。几乎所有的人都需要别人的赞赏、认同和关注，这个习惯来自孩童的时候，我们一直在企求父母的关注，因为当时我们脆弱无助，父母的关注对我们来说是生死攸关的事情（至少当时我们感觉如此），养成习惯之后，我们已经忘了自己现在是成人了，即使没有任何人关注我们，我们仍然可以活得很好。但是这个儿时建立的习惯我们并没有觉察到，而更糟糕的是，这个需求一直没有获得满足，因为父母都太忙了，无暇顾及我们，所以我们就养成了每天要靠别人的仰慕和关注而生活的习惯。

尤其是当有亲密关系伴侣的时候，我们更希望他能关注我们，赞同、赞赏我们，但是这样我们就迷失在他之中，跟他的能量牵缠在一起了，所以他的一言一行一举一动，我们都特别地关注。这时候怎么办？把目光收回来，投注在自己身上，因为你所要的那份关注和关爱，只有你可以给自己，在别人身上永远得不到满足。

你是否在不了解一个人，甚或是了解他不适合你的状况下爱上他？那你就是有上瘾症，也许对不被爱上瘾，也许对拯救人上瘾，也许对被虐待上瘾，也许就是对痛苦上瘾。这人就是你最好的老师，教你要去爱自己。既然苦是一定要吃的，何不学会自己的人生课题？如果学不会，同样的课题会再度出现，只是换个人来演。

德芬心语

婚姻是爱情的坟墓吗

婚姻实在是一门困难的功课，我曾经问过好几对结婚几十年的夫妻：这几十年来的相处之道是什么？他们都不约而同地回答一个字："忍！"

我们现代人，尤其是女性，已经不像以前那么传统了（包括我自己），毕竟我们都受过高等教育，而且有自我谋生的能力和独立自主的需求，要我们忍，似乎是非常困难的。那婚姻该如何走下去呢？

首先，我必须承认，婚姻是扼杀爱情的温床，因为好像那一纸婚约一签，两个人都开始松懈了，可以任性地为所欲为，因为对方跑不掉了。所以我个人觉得，婚姻成功有两个要素（也许并不全面，但足够概括了），第一就是要在婚前试婚很长一段时间，看看对方的很多习惯你是否能够接受。第二，想要改变一个人是极其困难的，所以不妨选择自己比较能接受的那种性格的人，这样相处起来比较容易。同时,要学会"管理"自己的期待。

当然,这个前提是你要很清楚自己要的是什么。所以婚前多谈恋爱,多接触不同的人也是很重要的。对我而言,我每次谈恋爱都会发觉"什么是我不要的",而直到年纪很大了,对自己的了解愈来愈清晰,才开始真正了解自己想要什么样的男人。

举例来说,如果有人欺负你,或是你与其他人有争执了,你希望你的另一半的反应是什么?希望他站在你这边跟你一起骂对方,甚至不惜为你去讨回公道?或是至少提供你情绪上的支持,安慰你?是的,这些都是我一直以来的期盼。因为我始终都有一个感觉(也可以说是胜肽吧!):我是孤单一个人的,没有人会了解我的感受,同情我、谅解我、支持我。

所以,当我在外面受了委屈,与人有争执的时候,我前夫的反应是:"这都是你的错,你自己要检讨。"而且他还会拿一些灵性道理来教训我,甚至站在对方的立场帮对方说话。而以前的一个爱人的反应,则要看他的心情。如果他不忙,心情不错,他会安慰我两句;如果他忙,心情不好,那他就是一副"我很忙,你的事别来烦我"的嘴脸,让人气结。可是相反的,如果我的爱人在外面受了委屈,与人有争执,我可是会很心疼而且恨不得去找对方理论、讨回公道的。(反了反了,我变成男人了!)

所以,如果"在外面被欺负,回家有依靠"对你来说是一个很重要的议题的话,劝你在婚前先看清楚。否则,根据我的经验,无论对方多么爱你,你跟他再三说明这对你非常重要都没有用。他们还是会我行我

素，不会为你改变的。

　　这就要提到婚姻和谐的第二个要素了——改变自己的期待。我发现，对我来说愈是重要的东西，我愈是无法从另一半的身上得到。从灵性的角度来看，我知道这是我自己的人生功课。比如说，情绪上的支持。我以为前夫顽固不化，和他多次沟通都没有用，所以我放弃了。但是换了另外一个爱人，虽然表面上他看起来温柔体贴，对我非常好，但是碰到节骨眼的时候，他还是一样无法支持到我，也是会跟我前夫一样：火上浇油！

　　因此我了解到，再换男人也是一样，这是我生命的功课。从小父母虽然非常疼爱我，可是他们也是从来无法给我情绪上的支持。记得小时候，我在外面受了委屈如果回家哭诉，他们不是不耐烦地说我就是嘲笑我，无法给我深情的安慰和理性的支持。长大以后，我的好朋友非常少，最要好的一个闺密却是最不会安慰人的。有一次我和她诉苦，她听了就说："你不是灵性大师吗？怎么也会这样？"真是雪上加霜。又有一次，我告诉她我的感受，她居然直接说："那你怎么办？你去死算了。"这又是在伤口上撒盐。但这是我最要好、交往十几年的好朋友。我不怪她，因为我知道她很爱我，视我为姐妹，但她就是不会安慰别人，我的这个需求，永远无法在别人身上获得满足。

　　知道了这是自己的"命门"之后，我只有认命。生活中有了委屈找不到人倾诉的时候，我不会去责怪我的另一半，要他为我的感受负责。我为自己的感受负起责任，同时愿意去承受自己内在的痛苦，试着做自己最好的朋友，安慰自己，心甘情愿地停留在那个从小到大我一直想要躲避的感受中：孤独与无助。当我不再视它们为洪水猛兽，愿意试着去与它们和谐共处的时候，它们也就不像以前那样时时来造访我，而且一来就赶不走似的。

所以，诚心接受自己的负面情绪，并且有能力和它们在一起，不要另一半为它负责，这是维系一段婚姻的重要元素之一。如果婚姻中的双方都能够这样精进地修炼自己，而不是要改变对方的话，婚姻就绝对不是爱情的坟墓，反而是灵性成长的最佳道场。

——— 德芬心语 ———

如果碰到让你一见钟情、似曾相识又怦然心动的人，快跑！因为他将会启动你此生最重要的人生功课，他会践踏你的自尊、侮辱你的智慧，让你感到无价值、被抛弃和不被爱。如果跑不掉，我可以给你的最好忠告就是：带着觉知，像演员扮演角色那样观察自己。因为苦是吃定了，带着觉知吃苦至少可以学习到智慧。

亲密关系中的
功利性

很多人认为，亲密关系是多么浪漫的事——两人初相见，天雷勾动地火，于是展开惊天动地的恋情——其实，亲密关系是非常功利的。如果你从这个角度去检视，就会发现的确是这样。

生物学家做过研究，男人和女人对求偶的标准，的确建立在一些基础的"生存模式"的需要上。这可以追溯到原始人时代，当时的女人需要高大的男人来确保生存机会，男人则要选择看起来很会生养的女人好为他延续后代。在现代我们更是常常见到，男人因为有钱、有势，可以娶到又年轻又漂亮的老婆，双方就是基于"功利"的基础，因互惠互利而结婚或在一起的。

其实，说白了，如果你对我的生活没有一点实质上的帮助，又让我自我感觉不良好，我为什么要跟你在一起呢？除非，从灵性的层面上来说，我有一定的人生功课要学习，所以会跟你在一起待到功课学会为止。或是说，我们已经结婚生子或在一起很久了，如果不跟你在一起，我要付出很大的代价（稳定感、面子、孩子、经济来源、亲友压力等），那么我可能会勉强留在这段关系里。但是，这样的关系也不会维持太久的，因为一方有没有获得精神上的滋养，就看他忍耐的程度有多高、愿意忍耐多久了。这就是为什么很多日本女人在孩子念大学以后发动家庭革命，说什么也不再伺候那个"糟老头"了——受够了！！

总而言之，所有的亲密关系、婚姻都是靠互惠互利而维持下去的。说得这么直白、残酷，原因就在于，我们有这样清楚的认知之后，就能更加有觉知地去维系一段我们珍惜的感情，而不要等到对方外遇了，或是婚姻、关系破裂了，才如梦初醒，却还不知道发生了什么事。

所以，当我们和一个人在一起的时候，可能先要想想——我为对方带来了什么。对方是否因为跟我在一起而获得快乐、幸福或是他想要的东西？如果你是既得利益者——用婚姻的枷锁、小孩的牵绊，或是财务的优势、道德的约束来拴住对方——那么很抱歉，对方即使不离开，他的心也已经跑到十万八千里外了。有一天，他突然离去的时候，你就不要哭天喊地地成为一个受害者。

这是每一个人在亲密关系中都必须仔细、冷静思考的一个话题——你为对方带来了什么？这些年来你有没有成长？有没有让自己在各方面都有进步，并且愈来愈自信？还是拿婚姻的保障、感情的基础作为老本，不断地啃噬它？

我认识一位男性朋友，外形相当不错，本身也很有才华，年轻的时候交过不少漂亮的女友。可是当他年华老去的时候，由于个性固执，自视甚高，他的才华没有为他储蓄到金钱，生活过得比较寒酸。但最重要的是，他没有好好发展自己，让自己成为一个见识广博、说话有趣、个性又讨人喜欢的人，所以他的交友机会愈来愈少。不在乎你有没有钱的女人其实很多，不是每个女人都那么现实的。但是，你本身如果没有足够的吸引力，对方为什么要跟你这个年纪又大、又没钱、说话又无趣的人在一起？你的相貌逐年老去，只有内在才能焕发吸引人的光芒。如果不能注重自己内在的成长，这个人可能注定要孤独终老。

多大年纪的女人都有人爱。有一部电影《哈诺德与莫德》，就是讲述一个20多岁的年轻人爱上80岁老太太的故事，这不是天方夜谭，你看了就明白。那个年轻人完全没有生活的热情和动力，整天想的、琢磨的就是死亡。而这个老太太却充满生命力，生活过得充实、愉快、刺激、过瘾。年轻人因为和她在一起而感觉到了重生——重拾了生命的乐趣，知道什么才是真正的生活。这样的感情是可以理解的。

对一般人来说，我们每个人都在亲密关系里寻找童年时期的遗憾。如果你可以给一个人他童年时没有得到的那种爱：支持、包容、理解、关怀，那这个人是永远不会离开你的。在我们能够做到这些之前，我们需要有一定的智慧，经由读书、灵修、内省、定静之后得到的人生智慧，才能够解读对方，了解他的需求。此外，如果你是一个不断修炼自己,向内反思的人,你也在逐渐扩大自己的内在空间,有更多的余地去包容对方,给对方他需要的灵魂滋养。

在你的功能性逐渐消退之时——孩子生完了、事业奋斗成功了、家庭根基稳固了、不再年轻貌美了——如果你能继续给对方灵魂上、心理上的滋养:相知、相惜、关爱、照顾,而自己又是一个很会生活、很有情趣的人,那么你的功能性在这个关系里面就能继续维持,而且地位稳固不摇!

只要不遗失自己，
我们就能拥有一切

一次演讲时，有一位听众提问说："我跟老公的关系特别不好，他总是除了吃饭就是睡觉，而且把所有不好的事都推到我身上，所有的好事就说是他做的。他喜欢推卸责任，对孩子也没有尽到父亲的责任。现在感觉他好像一无是处，跟他相处特别困难。"

我的回答是：对灵性修行者来说，和老板、父母、朋友或者所有亲人之间的关系，我们都需要修炼，但最难修的就是亲密关系，因为我们每天都得看到对方，关系最为密切。

在亲密关系中，配偶其实在扮演两个角色：一个角色就是你的镜子，所有的外在事物都是你内在投射出来的结果，所以对方的种种行为可能映照出了你内在的一些特质，却是放大了数百倍好让你看清楚。比如说你觉得他每天不是睡觉就是做一些好像很没有意义的事情。反观你自己，你可能是一个非常积极、上进的人。你希望自己做了事情之后，能够获得别人的赞赏和肯定。在这个例子里，你的老公是来映照你的阴暗面，你一直排斥的自己懒散、无目标的那一个面。

另一个角色是，他是来教你学会一些功课的，你应该把焦点更多地放在自己身上。因为我们跟另一半结合了之后，我们的心灵就跟这个人结合在一起了，吃饭、睡觉、生活，甚至连呼吸都在一起了，心灵学上将这种关系叫作"牵缠"。

对我们，尤其是对追求心灵成长的朋友来讲，牵缠并不是件好事。所以，灵性成长的第一步，就是要把焦点放回到自己身上来。你的老公要做他的事情，那是他的事。他要抢功劳、不管小孩，那也是他的事。你把自己的角色扮好，每天该做什么就做什么，这样就足够了。

问题是，我们很多人都喜欢把这两个字放在我们最亲密的人身上——"应该"，而这两个字就是通往地狱的捷径。既然你是我的老公，你就应该怎么样；既然你是我孩子的父亲，你就应该怎么样。但如果你是一个不想为自己的生活以及快乐的质量找麻烦的人，那你该做的其实就是接纳事实。可我们通常没有办法接纳事实。为什么？因为事实是令人痛苦的。要我们接纳一个"整天好吃懒做的老公"，这种感受是很痛苦的。多数人都不想跟痛苦的感受在一起，只好努力地去改变老公，甚至想"开除"他。

其实，心灵成长要做的就是，你要学习跟这些感受待在一起，把"应该"这两个字收回来。当你觉得老公不应该这么懒惰，或者应该要关心小孩的时候，其实你就在跟事实抗衡，你就在给自己找麻烦，你等于是把自己带到了地狱的边缘。但是如果你当下能够停止，能够把"应该"收回来，你就离快乐、幸福又近了一步。

很多人问我，他们的婚姻出现了严重问题，是否应该考虑离婚。我会建议他们不如给自己的先生、自己还有孩子一年的时间。在这一年里，用前面我提到的方式去跟先生相处。一年过后，如果你发现自己还是不能和对方和谐共处，你已经尽力去放下自己的期待了，却感受不到对方的爱和诚意，那个时候再考虑离婚不迟。但第一步我们要先去回观自己，看自己到底能不能放下这些"应该"。因为如果你不收回这些"应该"、不去处理它们，你现在是放在这个老公身上，但即使你跟这个老公离婚了，你还是会把这些"应该"安在下一个对象身上，又造成相同的问题了。

当你理解了这个道理之后，试着把它深深地刻印在心里。每次当你发现，你又看到自己把"应该"放到对方身上的时候，如果你当下能够停止，当下能够收回，你就停在那里，把它收回来。在生活当中不断地操练，放下你的期望，看看你的生活和关系会发生什么样的改变。因为真正的婚姻生活是非常磨人的，久而久之，你会觉得孩子大了，我就不跟这个人过了，跟他过还不如一个人过。所以，如果不去这样经营的话，很可能就走不下去了。

其实人生中最痛苦的事，就是我们不断地要求外在的人、事、物改变，却不会跟自己内在那份不舒服的感受和平相处，因为外在的人、事、物总会让我们不舒服，而且绝大多数都是我们控制不了的。如果我们不能试着跟内在的不舒服相处的话，我们会不断地想去改变外在的人、事、物，那这样你就没有办法找回自己内在的力量，甚至还会失去自己的内在力量。我们以为控制了外面的人、事、物，自己就有力量了。其实恰恰相反，真正的内在力量，就是你拥有力量去把各种"应该""不应该"的要求全部收回来，然后跟内在不舒服的感受和平共处。这是改善婚姻状况的最佳"良药"。

> 德芬心语
>
> 很多人（包括我）把恋爱的对象当成生命的救星，片刻不想离开，耗费心力地投入自己生命的全部。但这是缓兵之计，最终，我们必须去面对和承认我是孤零零的一个人，怎么来怎么走，没有任何人可以依靠。我必须自己去拥抱我的内在孩童，做自己最好的伴侣，而不是在外面找慰藉。

给痴心女子：当他说"我爱你"，这完全不等同于"我会好好对待你，我会用你想要的方式对待你，我会把你放在第一位"。通常"我爱你"指的是"我需要你，跟你在一起（现在）让我自我感觉良好"，如此而已。在亲密关系中，先设立好自己的期望值，日后就不会太过失望。

/ 德芬心语 /

如何不被外遇

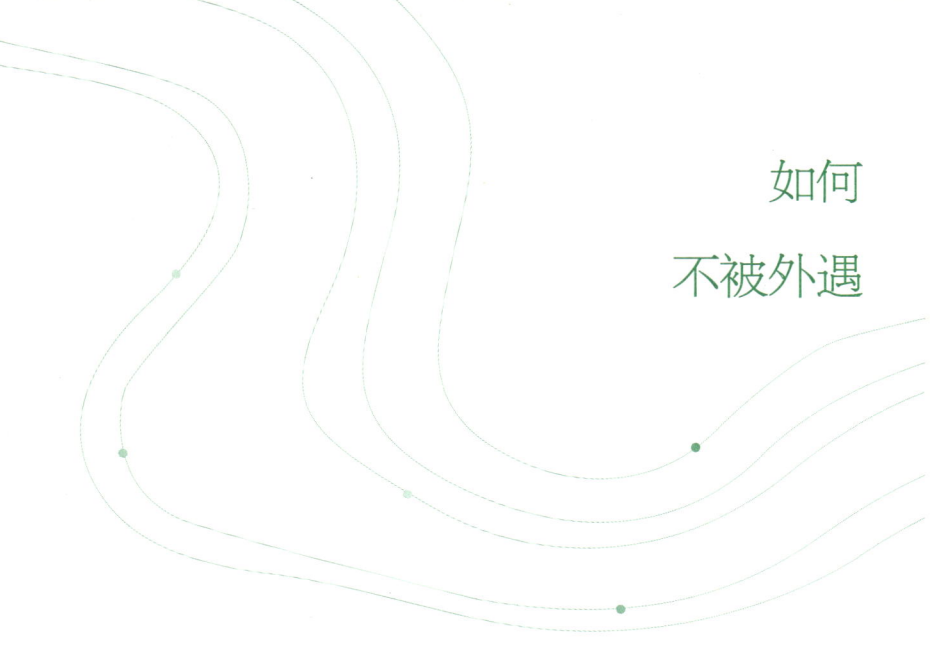

年过半百，那天闲来无事，检视了一下自己从上大学开始的情史，虽然谈过的朋友不是很多，但是算了一下，自己竟然没有被伴侣的外遇伤害过。也就是说，我的诸位男友之中，没有人有过外遇。这引起我的好奇，我倒不会狂妄地认为，自己因为条件好就没被外遇，君不见很多美丽的电影明星照样受到外遇的伤害，所以一定不是条件的原因。我想，这是恋爱性格造成的。

因此，我探讨了一下自己的恋爱性格，看看能否有什么秘诀可以跟大家分享。首先，我必须指出，我每次谈恋爱的时候，都是非常敞开和投入的。这一点非常重要，我不会谈那种隐晦式的爱情，什么爱你在心口难开，我对自己的感受非常诚实，喜欢就喜欢，不喜欢就不喜欢，不会故弄玄虚、欲擒故纵、耍心机、玩心眼。

这样的性格会让对方也坦诚相见，愿意以真心对待你。以真心

为基础的爱情，就不会有太多的欺骗、隐瞒，自然就不会走向外遇的结局。此外，我的恋爱关系都是很火热、亲密的。因为我的个性开放、天真，所以会毫无心机地投注我全部的关怀和爱给对方，因此我的亲密关系都是很紧密、亲近的。两个人的生活、互动都紧密相连，除非吵架、冷战，否则没有太多的空间制造外遇机会。

然而亲密关系都是会沉淀、冷淡下来的，也许因为两个人不合适，也许是日久生腻了，但我永远都是那个先受不了而离开的人。我无法接受两个人的关系变得平淡、疏远、冷漠，不像以前那样卿卿我我、甜甜蜜蜜了，一开始我会试着努力去挽回，可是如果对方自以为是，或是不想修复关系、不承认这样的关系有什么不好，那我通常是先发制人宣告分手的。

在有外遇之前，两个人的关系一定是状况不好的。不可能在真心相爱、亲密无间的情况下，晴天霹雳地发现对方有外遇。如果有这样的控诉的话，我必须说，你是太不了解情况，也太不了解对方了。或许也可以这么说，你因为太恐惧于失去对方，或是太害怕（或是无能为力）去改变你们目前的状况，所以宁愿用各种谎言欺骗自己，睁只眼、闭只眼地告诉自己，这样没有什么不好，你们还是很好的伴侣，他不会离开你的。

不止一个我的男友（爱人）叫我"张大胆"，因为我就是一个敢爱敢恨的女子，不会为了安稳、平静而委曲求全。恋爱一开始的坦诚相见需要勇气，愿意暴露自己的一切，只希望心安理得地做自己，而不是靠伪装、隐瞒来赢得对方的心。恋爱的时候，我们需要有勇气去看到两个人的矛盾冲突背后的真正原因，并愿意去修复、改善两个人的关系。恋爱的尾声需要有勇气承认两个人其实并不合适，愿意好聚好散，各奔前程。

这些都需要勇气，而通常，女人是比较有勇气的。有位灵性老师说："亲密关系或是一个家庭当中，女人的能量比男人大十倍，所以关系都是由女性主导的。"这也说明了为什么俗话说：每个成功的男人背后一定有一个伟大的女人。所以，女人的心理素质太重要了，不但决定了自己一生的幸福，还主宰着一个家庭的幸福。

回首我的第一次婚姻，我当时的丈夫并不是很坦诚地对待我。我费尽了心思，千辛万苦地只是想要进入他的内在世界去了解他。但是当时的我年少轻狂，无明又无知，让他反而尽其所能地防范我，不让我靠近。我当时非常爱他，所以吃了不少苦。最后，我终于承认失败，爱不下去了。我离开了人人羡慕的电视主播工作，到美国去留学。

刚到美国没有多久，朋友介绍了一个条件很好的男人给我。我并不太喜欢这个男人，但是因为他追求我挺热络的（后来才知道他是和朋友打赌多久可以追到我），我勉强自己和他交往，但愈来愈不舒服，于是我提出分手。他很紧张，不肯放手，其实我当时就知道他并不是爱我而舍不得，只是觉得被女人甩掉没有面子，所以不肯分手。我心软了，继续和他交往，但是在一次和众多朋友一起去滑雪的旅行中，他当着我的面就和另一个非常仰慕他的女人要好了。我不惊讶，但还是有点因为失去面子而伤心。这两个教训以后，我选男人就比较注意了，不像以前那样由着性子看到喜欢的就交往。果然，当我带着觉知去选择男人的时候，受到的伤害就小多了。

所以，我认为要保护自己不受外遇侵害的方法，第一是慎选对象。要搞清楚他过去的情史。通常有外遇记录的人也会容易再有外遇。但是，我看过（也收服过，呵呵）一些男人，本来很花心，但交往到合适的对象之后，就真的收心认命了。所以，你先要看看自己是否"罩得住"对方，不要一味地贪求对方条件好。

第二，就是交往的时候要真心、交心、全心全意，毫无保留地敞开自己，让你们的关系是坦诚的、开放的、真心的。

第三，如果两个人的关系愈来愈僵了，尽一切努力去修复，千万不要粉饰太平，假装看不见问题。如果真的无法维持一个亲密的、坦白的、融洽的关系，就及早放手。不要等对方心猿意马，在外面有了对象再被你发现，那时候受的伤害就大了。

说实在的，在亲密关系中，如果你让对方在身、心、灵三个层面上都受到滋养，双方又有共同的爱好、共同的朋友（当然如果是多年夫妻或是有小孩，就是有一些功利性的话，那就更好了），那么你想要对方有外遇都很难。

让爱重新在关系里温柔流动

在一次工作坊中，老师指导我们做两人的对话，一方A把另外一方B当成自己生命中的一个重要人物C（不在场）。A和C之间有一些心结、误会、矛盾，但一直不知道如何开口沟通。但因为C对A来说非常重要，所以A会想要把这些矛盾厘清了，好让爱和信任重新在他们之间流动。

很奇特的一点就是，当A对着B述说他的感受和他想说的话时，B很自然而然地会契入到C的感觉当中（也就是B扮演的角色）。所以当A问B：听到我这样说，你有什么要回应的呢？通常B会说出一些不可思议巧合的话，不但有意义，而且非常切合A和C两人之间的状况。

附体？上身？角色扮演？刚开始的时候我也觉得纳闷，哪能这么准啊？！后来转念一想就不足为奇了。因为，当A把B当成C的时候，他投射在B身上的能量是很明显的，而当B全神贯注，一语不发地专心聆听A的时候，他会像一面镜子一样地反射这些能量回去，非常神奇。

和我同组的女孩就说到她和丈夫之间的关系。她一开始说："我很爱你，很关心你，所以我想跟你沟通下面的事情。"然后她开始述说她知道自己负面情绪很多，常常会不高兴、生气，可是一到这个时候，她的丈夫不但不能安慰她，反而还会攻击她。她觉得两个人之间渐行渐远，没有当初结婚时那么甜蜜了。

在聆听的过程当中，我能感受到这个丈夫的无奈。他的母亲也是一个负面情绪很多的女人，从小他在她身边就看尽了她各种不高兴的脸色，但无能为力去帮助妈妈。对一个小男孩来说，这是非常令人沮丧的事，因为他会觉得是自己不够好，帮不了妈妈，妈妈才会一直不高兴。所以，当他的妻子用同样的脸色对待他的时候，他的反应肯定是退缩、冻结，而且自我感觉非常不良好。小时候那种无助、无能为力、帮不了妈妈的挫折感一股脑地涌上来，在这种情况下，他有什么能力去照顾自己妻子的情绪呢？

在亲密关系当中，这种情况很常见。一方因为不开心，进入了一种受伤的内在小孩的状态，那个当下，他是完全的自私和以自我为中心，不会为其他人着想的。他只想要有人安慰、接纳他。而另一方的内在小孩也被触动了（就像上面的情形），所以，双方都退化成了受伤的小孩，有什么理性可言？小孩对小孩的战争，肯定是以两败俱伤收场。

我当时也突然涌上一种感觉，与我同组的女孩对我表达爱意的时候,一开始其实一点也不动人。因为她的话语后面(我很爱你)没有丝毫爱的能量。所以我对她说:"我希望你表达爱意的时候,能像你表达负面情绪那么精准就好了。"真的是很讽刺。我们在表达爱意的时候为什么那么困难,表达愤怒和其他负面情绪却那么容易?

我问我自己是否也如此,还好答案是否定的。我和我的爱人与小孩之间,嘴上是不离"爱"这个字的,每次说话,我们都会用"我爱你"作为结尾语。而且我们之间的肢体动作非常多、非常亲密。我想这要感谢我的父亲,他从小视我为掌上明珠,到现在,我已经年过半百,他老人家已经80岁啦,看到我还是要亲要抱,嘴上不离"爱"字。

从小在这样充分表达爱的环境中长大,我想这对我的热情是有非常大影响的。我对自己爱的人从不吝惜表达自己的爱。但是,要是一个孩子在很严格、没有温情、不可以表达情绪的环境中长大的话,他会是如何?他可能就像跟我同组的女孩一样,失去了表达爱的能力,因为小时候当她表达爱的时候,可能被视为需索太多而受到斥责,或是她根本没有表达爱的机会。而在受挫之余,她知道表达爱没啥好处,甚至会有被羞辱的感觉,因此逐渐封闭了自己的心。现在她有了觉知,是否能变成一个比较热情、会表达爱的人呢?这可能要看她的个性和她后天的努力了。

最后,我看到了她脸上孩子般的微笑,我又忍不住对她说(以她丈夫的身份):"你知道吗?你脸上有孩子般的笑容,我好喜欢。你平常可以多笑一点给我看吗?"她惊讶地看着我,说:"是的,我丈夫就非

常喜欢我孩子般的笑容。"

整个过程结束,我看到她获益良多。这么简单的一个练习却暴露了一对老夫老妻的陈年旧账,而且让妻子可以看到重修旧好的曙光。吵架需要两个人,但是和好只需要一个人。如果她能改变,我相信她的先生也会改变,当初促使他们相爱的那股能量又会重新流动起来。

说到聆听的艺术,忽然想起我最近读到的一首诗,写下来与所有走在灵性道路上的朋友共勉。

> 我想做的,只是,深深地聆听,
> 聆听生命的哀愁与美丽……
> 然后,在感动里面找到宝藏……
> 当我面对你时,
> 是,在一种放松、安静、准备好的状态下,
> 温柔又精准地"接收"你发出的信息,
> 像一条柔软的羊毛毯子,
> 可以安稳地包裹着,你的伤与痛,
> 并,带着虔诚的祝福、尊敬,
> 与你同"在"……这,就够了。[1]

---

[1] 这首诗叫《深深地聆听》(Deep Listening),摘自华德福教师的祈祷文。

想要找到一个坚强自信的男人,你就得展露自己脆弱、服输的那一面。想要一个呵护你、保护你的男人,你就得让自己不要无止境地一再付出,才能接受别人的付出。想要找个男人而不是男孩,你自己就得做女人而不是女孩。只有放下想要拯救别人的欲望,你才能找到不需要你拯救的伴侣。

德芬心语

亲密关系中的恐惧

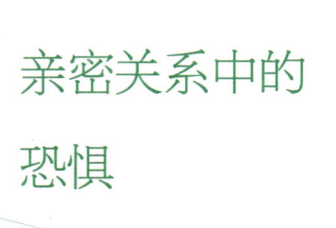

在瑞典参加克里希那南达和阿曼娜老师的"真爱的旅程"课程时,他们提到了亲密关系中的四种恐惧。

首先,就是被伤害的恐惧:被利用、被侵犯、不被尊重。其实,这些都是我们小时候的旧伤,伴侣只是负责把我们这些伤痛挑动起来而已。我个人真的觉得,我们是否能得到尊重完全取决于我们如何看待自己、如何与对方互动。而在亲密关系中,我们一定要先尊重自己,才有可能获得对方的尊重。那当旧伤被挑动的时候,我们应该如何面对呢?

我在前面说了很多,包括:照顾自己的内在小孩、非暴力沟通、打开自己的心、愿意显示自己的脆弱等。关于这些方面的课题,可以参考《拥抱你的内在小孩》[1]《非暴力沟通》以及《亲密关系:通往

---

[1] 克里希那南达、阿曼娜.拥抱你的内在小孩[M].桂林:漓江出版社,2011。

灵魂的桥梁》①等书。同时，我们要勇敢地为自己的情绪负责，知道这些伤痛被挑起，是为了让我们学会生命中该学会的种种功课。也许你可以暂时逃避，也许你可以再换一个爱人，但是最终，如果你想要获得真正的快乐、自由，那么面对自己的人生课题是唯一的道路。

第二种亲密关系中的恐惧就是害怕被抛弃、被忽视：对方无法了解你的感受，对你的敞开视若无睹，不陪伴你，甚至离开了你。我自己的经验是，如果你很怕被伴侣抛弃，你真的需要在一开始的时候就要慎重选择对象。不要找心性不稳定，或是条件过好的人。当然，任何花心的人都有收心的时候，可能你需要诚实地扪心自问："我罩得住他吗？"同时，关系当中最怕一成不变，如果你是一个顽固不化、闭门造车的人，不吸收新知识，不让自己成长变化，那么彼此厌倦的概率就比较高。

另外还有一种男人最容易被女人抛弃，那就是冥顽不灵的人。女方跟他一再要求、沟通，请他做出一些改变，这些改变也许是很小的生活习惯，也许是对待女方的方式，其实都没什么大不了的，只要有意愿，都是可以改变的。但他们自以为是既得利益者，又有婚约又有小孩，以为女方不会离开。抱歉，这个世界每天都在变化。我们就是必须成长、要成熟、要变得愈来愈讨人喜欢，不能在婚姻这个安全的大网当中自以为是地窝着，以为它绑死了两个人，永远不会分离。这种想法太一厢情

---

①克里斯多福·孟.亲密关系：通往灵魂的桥梁[M].长沙：湖南文艺出版社，2012。

愿了。所以在婚姻当中，让对方抱持适当的危机感是有必要的。

同样的，女人如果不能日新月异地改变自己，让对方看得目不暇接，对方也有可能厌倦而开始有二心。因对方有外遇而被抛弃的一方，永远都不会是纯粹的受害者。他要负起相当的责任。如果一份爱情非常滋养我们的身、心、灵，我们怎么可能会有二心？而一份感情是否能让双方都获得滋养，绝对是两方都要负起责任的。

第三种亲密关系中的恐惧就是害怕被淹没、找不到自己、失去自己。对于这种恐惧，我们要知道，永远不能因为对方而迁就太多，失去自己的原来面貌。一个真正快乐的人是真正能够做自己的人。如果要戴上面具过日子，对我们来说太痛苦了。

而从另一个角度来说，在亲密关系当中，为对方保留空间和时间是必须的。虽然对方的嗜好、兴趣与你相投非常重要，但是两方都应该有自己的私密空间，自己的朋友圈、喜好。这样，我们才可能在亲密关系的空间里为对方制造惊喜，创造变化。

第四种亲密关系中的恐惧就是害怕沉闷、无味。很多老夫老妻最后都会走上这条不归路。其实，保持婚姻新鲜最大的秘诀就是两个人都要如实地做自己，而不是扮演对方想要的自己，或是隐藏自己。如果在关系中能够真诚地表达自己的需求、想法，那么两个人的关系其实会愈来愈密切，而且愈来愈能够做回自己、找到自己。最美的亲密关系就是彼此帮助，把对方最好、最美的一面给培养出来，让他能够在自己的生活中、工作上发挥最佳的潜能，充分地表达自己，做自己喜欢的事。

所以，在亲密关系中还有一个很重要的原则：永远不要因为责任或是为了取悦对方而做自己不喜欢或不愿意做的事。否则你就会逐渐失去自己、失去兴趣，最后失去生命力，婚姻就会进入"死灰"阶段了。

/ 德芬心语 /

和爱人有时会有些冲突，我们的内在小孩都会被启动，出来当家做主，造成当时战况惨烈。事后检讨自己，会看到自己的误区，真诚地跟他道歉后，感觉如释重负，非常轻盈而愉快。真正的喜悦来自勇敢地回头面对自己，承认自己的脆弱和错误，并且接纳它。不仅是为你爱的人，更是为了自己！

04
谁是你心灵上的邻居

你的人生功课很简单,就是:认输和吃亏。
这两者是好胜、计较之人的罩门。

自私有三种。第一种：做事全然为了自己的享受和乐趣；第二种：做事是为了取悦别人，好让自己感觉好过；第三种：做事是为了不让自己感觉不好受。无论哪一种，你都没有真正地快乐。真正的快乐来自自发性的、没有预设结果的行动。我们就像是笛子，让生命的音符自然地经我们而流露。

德芬心语

批评是灵修的最佳肥料

曾经，我跟一个好朋友的冲突让我深深地体会到一件事：旁观者清，我们身边的人永远比我们自己还要了解我们。当时，我只是很中肯地说了一句："你黑白太过分明。"她就勃然大怒，说我攻击她，伤害了她，然后说了一些要跟我绝交的话。我不禁摇头苦笑。其实，针对她的个性，我的这句"黑白分明"还是委婉了许多才说出口的，没想到她如此不能够听任何关于自己负面的反馈。

我们身边其实本来就很少有愿意说真话的人，所以，唯一说真话的可能就是那些跟我们吵架或是背后中伤我们的人。曾经有人骂我"心肠歹毒""太贪心""感情白痴""待人刻薄"，这些都是我平时不惯表露的面向。也就是说，平常我不会用这些面向示人。但是，既然这些人在我身上看到了，还说了出来，那么他们肯定是对的。我的内在绝对有这些潜在的面向，只是被我压抑、阻挡了。

我其实一直在强调，在灵修的道路上，如果只追求自己的光明面，我们是不会有什么改变的。也许外表看起来更祥和，但是内在的世界只有我们自己知道。而且大部分人有本事忽略自己负面的面向，而自我感觉良好地维护自己的形象。

想要找回完整的自己，我们一定要愿意面对自己内在所有的面向，尤其是那些破碎的、被我们压在最深处不愿意看到的东西。以前的我，很怕别人说我负面的话，现在的我却认为，那些批评你的人，其实真的是在帮助你修行，让你看到自己更多真实的面向，给你机会去接纳、整合它们，进而让你成为更加成熟而完整的个体。如果灵修者连这一点谦卑都没有的话，用一句我最不喜欢听到的话来说就是："白修了！"从以前的怕批评到现在的期待批评，我很高兴自己内在能有这样的转变！

如何拥有自得其乐的能量

离苦得乐是每个人都在追求的目标，至少在表层意识上是这样吧。

我归纳出了几个心得，在此和大家分享。

首先，我认为诚实是最重要的，不仅要诚实地面对他人，还要诚实地面对自己。不要找任何借口来解释自己的不快乐，要为自己的不快乐负起全部的责任。同时，要去坦承你究竟是谁，或是至少，要能够诚实地看到自己的小我又在计较、生气、嫉妒、担忧、幻想、责怪……

如果你真的下定决心要离苦得乐，那么诚实真的是你需要去开发、滋养的重要特质。

第二就是要负责任，为自己当下的需求、感受负责，为满足自己的需求负责。

比如说，你责怪老公对你不好，回家以后一直上网不理你。你内心"我要被爱、被重视"的需求没有得到满足，你需要去认可自己当下有这样的需求。同时也理解到，你老公的行为不是造成你伤心、痛苦的原因，你之所以会感觉不好，是因为你有这个需求，所以你也要为自己的感受负责。

同时，你要知道，对方是没有义务来满足你的需求的。注意！这里是一个关键点：我们始终认为父母有义务和责任来满足我们的需求，这是小时候的习惯。然而，大部分父母都没有多余的精力、时间和智慧来满足每个孩子的需求，所以，我们带着遍体鳞伤的心灵和许多未被满足的童年需求走进了亲密关系，以为伴侣可以满足我们的需求！这真是天大的误会！

在人类的脑组织结构中，管理情绪、感受的是我们的旧脑，相当于爬虫类和哺乳类动物的脑，这部分的脑是不分对象、没有理智的，它只凭感觉来认人。这就说明了，愈是带有你父母特质的人，愈会吸引你。走入亲密关系之后，你的旧脑就会误认为这个人是你的父母，所以儿时的很多创伤就会很容易被这个人的行为所触动。而不幸的是，亲密关系伴侣由于具有我们父母的特质，所以，他们也会以和我们父母相似的方式来伤害我们。这就说明了为什么爱得愈深，痛得愈厉害。

所以，想要离苦得乐，你就必须为满足自己的需求负责。你可以用

"非暴力沟通"的方式和伴侣沟通：

1. 你回家就上网。（事实）
2. 我觉得很伤心。（你的感受）
3. 因为我希望你能陪陪我，花点时间跟我说话。（你的需求）
4. 所以，再过一个小时，你可以停下来跟我说说话吗？（具体的要求）

最后，我认为想要离苦得乐的最快方法就是立下承诺，并且坚守它。这个承诺就是：愿意花时间和心力去让自己成长，改变自己旧有的模式和信念。比如说，老公爱上网，你老去缠着他，因为他一上网你就觉得自己没有人爱，感觉不被关注。这时候，你可以告诉自己："他不是不爱我，只是喜欢上网而已。"所以，你可以试着自己找乐子，做一些自己喜欢的事情，而不是把全部心力都放在他身上。当你自得其乐地听音乐、做瑜伽、看电视的时候，你会发现你一心追求的那个人放下了他手上的事情，过来看你在做什么。因为你自得其乐的能量是如此让人舒服，他会不自觉地被你吸引，来到你的面前。试试看吧！

如果你对生活中微不足道的小事感到兴趣盎然：轻拂过你脸庞的微风，爬过你身边的蚂蚁，路上孩童天真的微笑，穿透树梢洒向你的阳光……它们为你带来的乐趣远胜过锦衣玉食、豪宅香车。而这些乐趣是永无止境、无法被剥夺的。禅修以及一颗开放的童心能让你领略其中的美妙！

德芬心语

自利和利他

　　自利和利他好比是一个跷跷板，我们多给自己一点，就少给他人一点；多给他人，自己的利益有时候难免顾不上。如果你每次在犹豫的时候，都能够选择利他那一头的话，你就一定会成功。就算不成功，你也会很快乐。相反，如果每次都选自利那一边，你注定要失败，即使侥幸成功，也会非常不快乐。

　　我自己回顾一下过去的人生，的确是这样。比如说，我是如何成为一位作家的？我原来根本没有想过。有一次，奇迹课程的若水老师跟我说，有部电影叫《我们懂个X》（What the bleep do we know），很棒，可惜中文翻译不理想，没有人有时间和能力修改。我当时听了，就自告奋勇地承接下这份没有任何回报的工作，花了好几个星期修正它的翻译。

　　翻译完了，我觉得这部电影真的很好看，完美地阐释了量子力学和灵性的交集，但是非常深奥难懂，看一次是看不太懂的。于是我想和大家分享这部电影，联络了台湾的一些灵性中心，让他们组织听众，我来导读这部电影。这是出于发心，当然自己也会有成就感。就在一次导读会上，方智出版社的主编听了我的解说后，跟我说："你能够用非常浅显易懂的语言说明抽象难懂的灵性理论，你要不要试试写本书？"就这样，《遇见未知的自己》让我成了畅销书作家，缘起就是一个无为的发心。

我觉得，自利和利他的行为会养成一种习惯，因为"念"是会累加的。原来我们刚开始还有些犹豫，不知道是该利他还是自利，但是当我们选择其一之后，就会有一些既得利益出现，让我们尝到甜头，然后养成习惯，逐渐定型。选择利他还好，但是选择自利尤其如此。当凡事都只想到自己而且成为习惯之后，我们再也无法慷慨地为他人着想，甚至会做出许多损人不利己的事情来。

我个人觉得，利他真的是我们人生最终要选择的道路，因为它会创造双赢的局面。我们和万物的生命都是如此紧密相连，千万不要只顾自己的利益而不顾虑到他人。分别选择自利和利他两条途径的人，到老的时候最容易分出高下。那时候，你对他人的"功能性"已经很少了，但是如果你曾经帮助过很多人，人缘很好，你还是会有很多朋友。如果你一直非常以自我为中心，没有累积善缘，到老的时候，不但个性会愈来愈古怪，还会为家人、亲友造成负担，当然，朋友也不会有几个。

所以,自利和利他的选择,对我来说,是不需要考虑的选项。你呢?

德芬心语

除非对方真的愿意,否则你是不可能改变一个人的。你只能创造一个环境,让他有空间去探索改变。我们都试过,用胁迫、利诱、拐骗、鼓励等方式,来让我们所爱的人改变,这就好像是在试图教一头猪唱歌,不但浪费自己的精力和时间,而且还惹猪讨厌。

做别人生命中的加号

人与人之间的交往，无论是亲子、亲密关系，还是朋友、同事等，其实无不是建立在实质利益上的。这话说起来功利，其实是很有道理的。举个例子，我们常说，父母对儿女的爱是无条件的，没错，但是如果儿女长大后对你态度恶劣，动不动就伸手要钱，甚至喝酒打人，你能欣然接受吗？是的，你还会爱他，但一定会离他们远远的。其他关系就更不用说了。

我曾说过，如果自己过得开心、自在，那么你自然会吸引你想要的人来到你身边。现在我想说的是，如何留住你爱的人，让他不想离开你。很简单，就是做他生命中的加号。

我看到很多伴侣对彼此予取予求的，视对方为理所当然，这样的关系肯定不能持久。当然，如果一方没有能力独立自主（经济上、精神上），只有忍气吞声，这样的关系无法滋养对方，肯定无法顺遂长久。

我就常常在检讨自己，对于我生命中和我身边的人，我是否是他们的加号？他们的生命、生活有没有因为我的存在而加分？尤其是男人。你是否把家里照顾好让他无后顾之忧？你是否是他最好的倾听者，很多话他不想跟别人说，但是会跟你说？还是正好相反？很多男人不敢跟太太说的话，会很愿意跟初相识或是酒廊里的小姐说。你是否也是他生活中的良伴，陪他享受人生，共同从事一些你们喜欢的事情，让他喜欢和你在一起，而不是宁愿泡在KTV，也不愿意回家？

做孩子的也是，要成为父母的加号；做员工的也是，要成为老板、公司的加号；做朋友也是，要为你的朋友加分。如此一来，你自然就是一个丰富又充实的人，因为你是别人的加号，所以也不断为自己加分。

我这里说的加号，可不是牺牲自己成就别人。一味地付出而失去了自己，绝对不会成为别人的加号。我们为别人的付出，到我们给出的那一瞬间就已经结束了。如果你要求别人感激你、回报你，那你的付出就不是纯粹的，你就无法为别人加分。

很多人好像任劳任怨、不计代价地为对方付出，却换得了不好的下场。这是为什么？就是因为他在付出的过程中失去了自己，又不甘心对方没有按照他想要的方式回报他，结果两个人都会陷入地狱。

做一个单纯的加号吧，简单、快乐、自由、富足。

你有光鲜靓丽的外表，有别人羡慕的一切，但你可能不开心，因为你自信霸气的后面有的只是恐惧和匮乏。亲爱的，我们要学会人生的功课才能找到真正的快乐。你的人生功课很简单，就是：认输和吃亏。这两者是好胜、计较之人的罩门。学会它们以后，你的世界可是海阔天空啊！到时你才知道，真正的成功原来是靠退一步得来的！

/ 德芬心语 /

为自己留白，为他人留福

一幅很满的画，看起来眼花缭乱，其实并不美，真正的美在于留白。其实，我们的人生也需要留有一些空白，把自己的福气分享一些给别人。

台湾的半导体之父就曾说过，人生要留白，不要让福气被自己一个人享用尽了，不要贪心什么都要、什么都抓，留些空白让别人去享受一些福气是好的。有些人突然挣了很多钱，但他变得比以前更不快乐。为什么？因为有钱之后，他失去的可能更多。所以，为自己的人生留白，留一点福气给别人享受，这很重要。

为人生留白的方法有很多，比如，你可以在生活当中看看谁会因为你的付出而获得帮助，你可以把你的丰盛让渡给他一点。你如果去帮助别人，让别人因为你而过得更快乐、更舒服的话，表示你自己是富足的。当别人快乐的时候，他那份快乐也会回向给你。

我知道很多读者每天都在心里感谢我，我能收到那份善意跟祝福。你可以回观一下自己在生命中有没有做过这些？在生命当中，你可能每天从睁开眼睛起就开始忙、忙、忙，忙到晚上，然后倒头就睡，难怪会累、会积累负面情绪，因为你都没有留出时间和空间来给自己。看看自己有没有留一些空白，为自己创造一些福气，有没有把自己的福气分享一些给别人？或者是，可不可以让自己的脑袋放下所有的事情，静静地听听音乐，拾掇拾掇花草，看看熟睡中孩子的脸，回头看看此刻自己内在的感受是什么？

为什么我们现代人越来越不快乐？我们不断地累积"有"，但是没有让自己变得更快乐。如果今天你告诉我你想赚十个亿，那你去赚，没有关系，但是我会问你赚十个亿是为了什么？十个亿能保证你得到你想要的东西吗？我们不要一味地去追求有、有、有，因为我们可能不需要付出那么多，就可以得到自己想要的。每天静下心来一段时间，把工作放下，什么都不管地给自己放个假。

那给生命留白究竟有什么好处？体验空又有什么好处？如果你一味地追求你想要的东西，没有留一点空间给自己，没有留一点空间给"道"去流动，出来的结果未必是最好的，而且你精神上也会感觉很痛苦。

留白之后还有一个好处，我发现当自己慢慢去体会人真正的本质是空无的时候，我察觉到一种宁静的喜悦、和平。我们之所以不能或是不愿去感受空无，是因为大部分人很怕生命中有空无、留白的出现。只要一安静下来，我们就放音乐、看电视、跟朋友打电话。我们没有办法享受一个人的宁静和空无，害怕那个无底的空洞把我们拉到一个未知的地方去。

其实，空无才是人的本质，你愿意放下一切走入空无的状态，就可以体验到空无带来的喜悦。我发现，以前会有一些想法让我变得抓狂，某些感受或情绪一来，我就觉得自己一定要做些什么——或者跟朋友讲讲话，或者去大吃一顿，或是去骂那个让我产生了这种情绪的人。可是现在，我感受到空无带来的快乐以后，我就觉得内在有一个空间可以容纳这些想法。我可以看着那些让我痛苦的人，看着内心的不安全感，看着恐惧、沮丧，然后什么事都不做。

如果你的内在也有这样一个空间的话，你可以允许所有的人、事、物在你心里穿过，你会变得很轻盈。情绪之所以一来就是排山倒海的，怎么赶都赶不走，就是因为你内心里有个钩子把它钩住了。如果你的内在有一个空间允许思想和情绪存在，它待一待就走了。

我相信这样一直走下去的话，我们会更多地接触到内在的空间，有更多的空间去容纳我们的负面思想和情绪。慢慢地，我们就会变得越来越自在、越来越快乐，真正得到大自在、大解脱。

什么是
真正的行善

　　大学的时候,我打工挣自己的零花钱,很幸运地去主持一个电视节目(多好的一份工作啊)。有一次,我随一个社会团体到孤儿院捐款、探望孤儿。那个团体都是有钱人才参加的,我看到那些穿金戴银的富婆一看到电视镜头来了,就立刻抱起孤儿,做出万般怜惜的样子。镜头走了,她们就面无表情地放下孩子。

　　当时,我回家就跟妈妈说:"这些富婆好伪善哦!"妈妈说:"他们这样做好事,总比在麻将桌上混好多了吧。"我一听,也同意。这是第一种层次的行善——完全出于自我感觉良好,对行善的对象并没有太大的兴趣,只是关注自己能从这样的行为中得到什么。不过,这样总比不做善事来得好。

　　第二种层次的行善,我们是真诚地关心被给予的对象,被给予对象的状况是否因为我们的善举而获得改善,对我们而言很重要。

我们真心希望对方好，并且为自己的善行感到欣慰。有这样善心的人其实很多，这些都是有福报的人。我从小就特别喜欢帮助朋友，看到其他人因为我的一些行为而变得比较好、比较快乐，我就会非常满足。这是天性，不是后天习来的（所以也没什么好骄傲的）。

我认识一位身家数十亿的富婆，她非常不快乐，充满怨气，身边连个说贴心话的人都没有。我看到她最大的问题就在于，连第一层行善的兴趣都没有。她每天都在计较自己的利益、自己的形象以及自己的一切，不关心周围的人。她尤其看不得她的朋友比她好，更别说想办法帮助他们了。我其实是为她感到惋惜，因为她这样也是天生的，挺可怜。越是不断计较自己利害得失的人，其实失去的越多。在她身上，我真的看到一个活生生的"穷得只剩钱"的例子。

第三种层次的行善是觉得某些有利他人的行为是应该的，顺其自然要做的，但不在意是否有人会因此而受惠，或是受惠的人是谁，也不需要受惠者的感谢。比如说，我们看到路上有个障碍会让后面来的人跌倒，我们会担心，因此不怕麻烦地移除这个障碍，这就是一种高贵的行为。新闻里舍己救人的"最美丽教师""最美丽司机"，他们的行为都是在当下自发的，没有用头脑思考过自己的得失，就自然而然地做了。这些美丽的灵魂，特别值得我们崇敬。

我个人非常幸运，有很多能力和机会行善。现在当我做所谓的"好事"时，我会回头检视自己，做这件事是因为自我感觉良好，还是出于

真心想要助人？如果是后者，我是否有"施恩图报"的心态？如果对方一点都不感激，也不会回报，我是否还会做？就这样不断地检视、调整，我的心态愈来愈平和。有一次我就注意到在机场，连续有两个人来找我问路。我非常耐心地给他们指路，还领了他们一段。回来后，前爱人打趣说："这么有爱心啊？！"我笑着回答："你看，这么多人，他们偏找我问路，表示我散发的是非常正面、温和的能量，让别人愿意来求助。所以，他们给我的其实比我给他们的多呢！"

亲爱的，如果你觉得自己有很多痛苦、创伤、委屈，你可以试着把眼光从"我的得失"移转到"他人的得失"。如果你因为帮助了别人，或是看到别人因为你而变得更好、更开心，你就会觉得非常欣慰的话，那你就是个非常有福报的人。如果你继续这样的习惯，我保证你会愈来愈开心。也许我们暂时做不到第三个层次，但是第二个层次的行善就足以改变我们的视野，让我们的生活更加美好。也许不是外在的报酬，也许相应的福报是我们今世都看不到的，可是我始终相信，善良的人过得终究比心不善的人更快乐。因为行善是发散正面能量的，这样会吸引正面的人、事、物来到你的生命中。

快乐，其实很简单。

我们对人失望是因为我们高估了人性，错不在人家，在于我们自己：施恩想要图报，拿自己的道德、行为标准去衡量别人，并且要他们遵守。如果不放下对他们的怨怼的话，损失的是我们自己。看清、接纳这点，才有可能谈放下。做一个指责别人的受害者，是要比承担自己的责任来得舒服、容易。

德芬心语

05
世界上的另一个自己

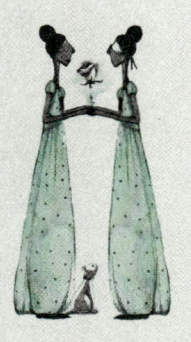

人生最大的挑战就在此：在这个有好有坏、黑白分明、无法尽如人意的二元对立的世界中，找到活着的乐趣。

为何你如此痛苦？因为你脑袋里充满了让自己钻牛角尖、痛苦不堪的想法，而你却信以为真、自以为是，被它们摆布却还甘之如饴。这些想法、观念都在你的脑袋里，什么大师也救不了你。如果你真的承认、看见这点，就祈祷老天帮助你，让你能有机缘得到力量，看穿自己想法的谬误和诡计，愿意放下和改变它们。

德芬心语

你是否是生命的最佳导演

我翻译的《新世界：灵性的觉醒》[①]一书中，作者提到了鸭子如果在一场激烈而短暂的肢体冲突之后，会分别往不同的方向游开，然后用力振动它们的翅膀几次，好释放刚才打架时所累积的多余能量。接着它们会继续安详地在水面上游动，好像刚才什么事都没有发生过一样。

我常常举这个例子来说明，我们人类的头脑如果能像鸭子一样的话，很多人世间的纠纷、痛苦就可以消弭于无形了。就拿这个鸭子的故事来说，如果鸭子有人类的头脑的话，它会不停地思考，并且编造故事，使得刚才的冲突继续上演——在自己的脑海里。

---

① 艾克哈特·托尔.新世界：灵性的觉醒[M].成都：四川文艺出版社，2016。

它脑海中编造的故事可能是这样的:"我真不敢相信它刚才做的事。它离我不到三米了!它以为这个池塘是它的啊!我永远都不会再相信它了。下次它一定还会试图再做这种事来惹毛我!但是我可不会就这样忍气吞声下去。我一定要给它一个让它永远都不会忘记的教训。"如果鸭子有人类的头脑,它可能就会这样不断地编造故事,让自己痛苦,也让自己的生活问题重重。

然而几乎所有的人都是这样生活的。发生在我们生活中的一些事情,从来没有真正地结束。夜深人静的时候,它时不时就冒上来,让我们去想道:白天那个人对我做的事、说的话,当时我要是这样回他就好了。下次他要再这样做或说,我就会怎样应对——永远在思索过去或算计未来。

当然,如果我们身边刚好有人在,无论他是配偶、朋友,还是室友、家人等,只要有人愿意(或即使不愿意)倾听,我们都会滔滔不绝地把所有故事的细节再重述一遍,一边说一边还怒气冲冲,好像那个惹你生气的人现在就坐在你对面似的。

我们每个人的头脑都是最佳导演,不但自导、自编,而且自演,让我们活在过去或未来,从不能安宁地活在当下这一刻。我们需要看见:过去的已经过去,我们的抱怨、怨恨都无济于事,只是徒然浪费自己的能量。

未来的事,其实完全不是我们能掌控的。我们可以做好应有的准备,剩下的就交给老天了,不需要在脑海里一直琢磨、思考。

而负面情绪过多的人,常常也会沾惹令人讨厌的事件上门,使得自己的情绪更加地负面。建议大家常常锻炼身体，别让有毒的情绪在身体里停留太久。同时多去郊外、大自然踏青，这样心胸变得比较开阔，就不会执着于一件事情或一个人，而沉浸在负面的故事情节中无法自拔。

德芬心语

一个真正决心要脱离痛苦的人是无人可挡的，但为何我们做不到？因为我们在痛苦中寻找到了生存的意义（有人可以责怪，有事可以对抗），还有独特性——觉得自己有独家的痛苦专利而别人没有。人的行为和惯性有时真的非常愚蠢，只要自己愿意回头去看，一看就能明白。但大多数人由着他们的惯性做他们的主人，不去反思。

如何获得内心强大的力量

曾经读到一首不错的诗，很受启发，写在这里和大家一起分享：

于是，当你遭遇挫折时，我不会立刻要你振奋，
我会，陪你一起，去感受你的挫折，
因为，挫折，是生命的一部分，
很重要的一部分。
于是，当你含着悲伤的泪水，
抚着胸口说"痛"时，
我会，默默地、凝视着，你的痛，
去感受你的痛。
如果可以，我会，轻轻拍着你的背，
抚慰那个痛……

于是，当你发现自己过去的闪亮时刻（独特经验），笑开了脸时，

我会，跟着你笑，兴奋地问：

"你是怎么办到的？"

于是，当你找到自己的力量、感到跃跃欲试时……

我会，跟着你振奋开怀，与你一起，

享受内在力量的渗透与饱满。①

我们很多人都为外境所苦，每天的生活中总是有那么多不如意的人、事、物出现。而我们所在乎的人，却又往往不按照我们想要的戏码演出，让我们备感失望。我的博客、网站和信箱总是会出现很多内心脆弱的人，絮絮叨叨地诉说自己的痛苦故事，然后来求助："我该怎么办？"

很遗憾的是，生活的重担或烦恼只有我们自己能扛得起来，别人无法为你分忧解难。就像食物进了你的嘴里，你需要自己咀嚼和吞咽，没有人可以代替你做。可是很多人的内在肌肉不够，空间不够，真的没有能力去承担这些令人烦恼忧心的重担。

怎样才能有足够的内在力量，去从容面对生活中出现的困境呢？我

---

① 这首诗叫《于是，当你》（when），摘自华德福教师的祈祷文。

的经验是，把生活中每件不如意的事都看成是来帮助我成长的功课。我硬着头皮去接纳自己不喜欢的事（飞机误点、家里的东西坏了、小孩生病），当我从勉强接受到诚心接受，再到淡然处之的时候，我发现自己内心的力量就增强了，空间变大了，因为我的呼吸顺畅，内在感觉到了更多的自由。

每发生一件事，我就问自己："这是来教导我学会什么功课的？它将如何让我的生命变得更完整、更有力量，让我更坦然无惧地生活？"

曾几何时，我也是对老天的安排和生命中发生的事有很多的抗拒和不满，想尽办法用自己的力量去改变、改善我不喜欢的处境。到最后，我累了，实在无能为力了，只有臣服。臣服之后，我发现原来生活可以这样海阔天空。原本以为自己会承受不了的事情，其实一点都没有我想象中的那么严重、恐怖，因此我逐渐发展出了对宇宙力量的信任和信心。

很多人借由虔诚的信仰发展出了信任和交托的心，他们是幸运又有智慧的。而也有人是像我一样资质驽钝又顽固的，所以必须像铸铁一样，经过千锤百炼，才知道自己的抗拒是徒劳无功的，这才会愿意接受铸铁匠（老天、宇宙）的安排，把我们铸造成它想要的器皿和模样。

真正让我们受苦的永远不是外在的事情，而是我们的念头和情绪。老老实实在每个当下看着自己的所有妄念，忍痛去体验身体因情绪而引起的不适，这样才能慢慢放下，才会成长。苦已经受了，如果没有得到成长，就太亏了。痛苦是成长最好的肥料，感谢老天不断造就我，让我一层层地脱落自己虚假的外壳——那些不是我的东西。

德芬心语

如何培养"空"的能力

很多人都知道空真的很重要,但又不知道空到底有什么用。于是,他们会问:"那空能帮你解决事情,渡过难关吗?"

其实,我们很多人都误解了空。如果空可以帮你解决任何事情,渡过难关,那它就不是空了。空是怎么来的?先说空是怎么破的吧。空是因为二元对立,破坏了"一"而消失的。我们的本质是空,世界的真相是空,因为空一成不变,要有对立才好玩,所以形成了二元对立。

空的破坏到底是为了什么?众说纷纭,有人说是因为众神想要玩游戏,也有人说是宇宙大爆炸。无论如何,我们是生活在一个二元对立的世界,但每个人在这个世界当中,却都只要二元中的一元:好的、对我有利的、善的、对的……这个对"两边中的一边"的执着,造成了我们每一个人的痛苦。

所以，想要回到空，想要体会空，就必须还原它被破坏之前的原貌。路径很简单：不要只选择二元中的任何一元，更不要执着于任何一元，只是接受、包容。也就是说，对我们生活中发生的所有因缘、外相都一视同仁地看待。谁能做到？做到的人就是明白人、开悟者、觉醒者了。

所以你问空是否能帮我们"解决事情、渡过难关"，这是个误解。我们真的不能拿空来用，而是要回到空。回到空的方法就是不执着，接受事物和人物本来的样貌，不加以批判或拒绝。很难做到吧？我也无法完全做到，但正朝这个方向迈进。

我用的方法就是我喜爱的美国作家杰德·麦肯纳[1]说的："把世界当舞台，把自己当舞台上的人物角色，但是知晓真正的自己不是角色，而是那个永垂不朽的演员。"我每天会抽空静心，观察自己在那几十分钟里究竟在想什么、做什么。生活中也时不时就提醒自己：不要太入戏了，这个"张德芬"只是舞台上的一个角色，再过二三十年就要消失了。你不是她，你只是此刻在扮演她的演员。

有一次，我在台湾碰到一个女老师，她不称自己开悟或是觉醒，而只是用静心和画曼陀罗的方式引导学生，费用随喜（随便给）。我和她谈了一个多小时，觉得她的状态真的非常好，非常放松，我看不出她

---

[1] 杰德·麦肯纳，美国灵性作家，著有"灵性开悟三部曲"，其中，《灵性开悟：不是你想的那样》（2013年3月）和《灵性的自我开战》（2013年7月）已上市，华夏出版社出版。

有任何的执着,但也不断灭(弃绝任何东西)。她告诉我,修炼的方法无他,就是不断地回到自己,和自己的身体联结,感受到全身细胞的呼吸。只要自己的头脑是无思无虑的状态,就自然是空的了,就能和宇宙能量随时联结,不需要造作。所以,她鼓励我不断地去回观自己,看见之后,放松,无论当下的自己处于什么样的状态,都放松,感受全身。

我个人觉得,回观自己是灵修的唯一道路。无论是什么法门,只要能够让你有意愿和能力去回观自己,就是好的方法,其他的都只是这个地球游乐场中好玩的游乐设施,玩玩就罢了。

德芬心语

每个人都口口声声地说要幸福,但他们真正要的是遵循自己的惯性,盲目地过生活。宁可责怪别人也不愿意自我检讨,只会往外看,不会往内看。宁愿因坚守自己的坚持、想法、信念而受苦,也不愿意改变。你说这不是活该吗?

想幸福，要能断、舍、离

想要幸福，我们需要先放下对幸福的执念。具体有三步：断，停止负面的思考模式；舍，顺从自己的心，割舍既有；离，松开"多就是好"的念头。

谈到幸福，我和一般人的观点有些不同。很多人觉得我们需要不断地"累积"一些东西，等到了一定程度之后，也许就可以从此快乐幸福了。

走过人生半百的岁月，我真的认为不是如此。

首先，我觉得幸福取决于我们和自己思想相处的能力。很多人在日常忙碌的生活中，无法听到自己脑袋里有一个声音在说话。那个声音无所不在，每时每刻都在你耳边唠叨叮咛，它影响你看待事情的能力、左右你响应事物的方式，甚至会主宰你的生活。

我们在生活中有没有试着"观照"过这个喋喋不休的声音呢？

这个说话的声音显然不是你，只不过是你的一些念头。但是这些念头可厉害了，它让你不由自主地去做一些事情，自己都无法控制。

那些杀人、跳楼、做事冲动的人，都是没有提防到自己脑袋里的声音，一时不察，就按着它的话去做了，事后才发现，自己刚才怎么了，竟然会做出这样的事？不但如此，脑袋里的声音还不断地让你去跟别人比较，告诉你：你有多差劲、别人有多好、没有人瞧得起你、没有人真正欣赏你，让你的情绪低落到谷底。

这些声音都是在我们小的时候，不知不觉中被父母和周围的环境"编"进我们大脑中的，就像计算机被程序化了一样。有些人比较幸运，他们的计算机程序比较健康，可能比较没有自虐倾向，这样的人幸福指数会比较高。然而，对那些比较不幸的人来说，他们天生就有悲观主义倾向，思考问题也比较负面。所以，想要提高幸福指数，你一定要和脑袋中的声音建立一种比较健康的关系。

尤其是每当你注意到自己在负面思考的时候，要能够"断"。培养断的能力在于"观"，如果你可以观察到自己的负面思考，你就已经成功一半了。如果能不理会自己的负面思考，还是乐观、正面地去处理事情，这样的人就能成功地断去让他不幸福的思考模式。

我个人灵修多年，觉得要戒断那些不幸福的念头的最好方法就是观察，不断地观察。观察到自己在思想所编织的牢笼之中，知道自己是念头的囚犯，这就是很大的进步了。接下来，我们就可以进一步砍断囚禁我们的枷锁，感受到自由解脱的滋味。

接下来，我们谈到"舍"。很多人没有勇气去割舍眼前既有的幸福，进而投资出更多的幸福。

关于这一点，我可以分享我个人的经验。我大学毕业以后就进入台湾电视公司担任新闻记者和主播，也就是台湾现在说的"老三台"主播。当时这是一份非常难得的工作，可是我后来申请到美国大学去读硕士，就毅然决然地辞去工作，出国进修了。对于主播台，我一点都不留恋。很多人佩服我的决心和毅力，然而对我而言，我只是顺从自己的心（follow my heart），我没有考虑到那份工作得来不易，辞去了非常可惜。

现在回头看，第一，我很高兴自己没有一直待在台湾播报新闻，否则我就没有后来那么多的生活经历和见闻了；第二，后来媒体开放，电视台多得不得了，我可以随时回电视台工作，一点问题都没有。所以，当初的顾虑完全不存在。

后来，我在新加坡加入了一家国际大公司，担任他们一个重要软件的亚太地区的营销工作。我进去的时候是合约制的员工（on contract），因为我一点相关工作经验都没有，从主管的特别助理干起，一年后就转为正式员工，升为部门经理，可以说这非常不容易。可是我非常不适应那份工作，也犹豫了很久，终于辞职了，后来举家搬回北京。我其实可以轻易地回到那家大公司的北京分公司工作，但是我没有回到职场。

我为我的人生留了白。那几年间，我是个单纯的家庭主妇，每天就是忙着看灵修书籍、上灵修课程、研究"到底什么可以让人幸福"。就这样，沉潜了四五年，我写了第一本灵性小说《遇见未知的自己》，光在大陆就卖了一百多万本，到现在还在热销中。

我要说的是，有时候，如果你不放弃眼前的一些既得利益，而愿意顺从自己的心的话，可能会失去更多更美的风景。在人生的道路中，我总是勇敢地追随自己的心，也活得愈来愈快乐。

最后我们谈到"离"，也就是出离心，驱离要求更多的幸福欲求。在自己的人生旅程中，我对这一点的体会特别深。当年，我就是想不透自己为什么拥有那么多却不快乐，所以不断地在外面的世界努力收集。最后，我知道外在的世界再也满足不了我内在的空虚和欲求，所以我走上了灵修的道路。

然而，在灵修的过程中，我还是一如既往地用"多就是好"的态度拜访上师、阅读书籍、收集法门。学到最后，自己都累了。我发现没有一个上师可以真正帮到我，没有一本书可以拯救我，没有一种法门可以带给我想要的那种自在和快乐。于是，我放下了。不再追寻、不再盼望，而是愿意在当下和自己诸多的不完美，内在的各种阴影、负面情绪及念头好好相处。

放下一切的期盼之后，我开始享受生活的简单和单纯，和大自然相处、和宠物相处。有时候，我会不知不觉地开始"傻乐"，没有任何缘由地感到"当下无事"的那种自在和幸福。

我知道很多人的欲望很难突破,我也不赞成用压抑的方式去对待欲望。欲望是需要被穿越的,而穿越的方法有时候就是去追逐、满足它。到了一定时候,你会像我一样精疲力竭、跌坐回自己的位子上时才发现,原来我想要的一切,都已经在我出发的地方等着我了。

德芬心语

你爱自己吗?检验标准就是你一个人会不会感到无聊。因为当你跟你爱的人在一起时,哪怕什么都不做,什么都不说,挨着他坐着就很开心了。那对自己呢?爱自己要先从当下每一刻好好陪伴自己开始。去感觉你的身体:姿势、温度,它是紧绷或放松?疼痛或舒适?随时把注意力拉回来放到自己身上,放松。爱上自己后,生命中的所有问题都搞定了。

我绝对不是一个百分百的好妈妈，但我不从孩子身上汲取自我感，意思是，我不需要他们做什么或成为什么来满足我的需求或虚荣，我未来人生的希望和规划没有放在他们身上。我尊重他们是独立的灵魂，来到这个地球有他们自己需要体验和经历的功课。我祝福和支持他们成为自己想要成为的，我爱他们，如此而已。

德芬心语

欣赏
生活中的美

　　我一直觉得，能够在生活中欣赏各式各样的美，是做人的乐趣之一。能够在朴实无华、庸庸碌碌的每日生活中看到一些美丽的事物，说明你有一颗美丽的心灵。现在有多少人能够每天收到美的信息，感受到美的感动呢？其实美丽无所不在。在今天特别清澈的天空里，在相视而笑的恋人眼里，在一个微笑的孩子脸上，在路旁一朵迎风招展的小花上，在一个精心装扮的橱窗里，在随风飘落的黄叶里。到处都是。你，看到了吗？

　　可惜现代人烦恼太多，每天汲汲营营地过日子，被欲望所奴役，被负面能量所操控，眼光大多放在"如何解决问题"，而不是"如何美好地生活"上面。即使在外在环境最糟糕的情况下，你都有权利去看到并且欣赏美丽。不要剥夺了自己与生俱来的这种权利。

有一天，我看了《中国达人秀》胡启志①的水晶球表演。我看了以后非常感动。我在胡启志和水晶球的互动中，看到了他全然投入的那份美感。他不是为了表演而表演，而是真的和水晶球已经化为一体，展现了专注、优雅、灵动的那份美丽。有一个日本人的水晶球也玩得很好，甚至比胡启志还熟练、技巧更高。但是这个日本人的表演，像玩杂耍、特技、魔术一样，很神奇，却没有美感。

看到胡启志这个人，浓眉大眼，更是美。在美国出生长大的他，有一颗寻根的心，他对自己能够在祖国人民大会堂表演感到非常开心，尤其是当他表演完，全场观众对他欢呼致敬时，31岁的大男孩，眼里含着泪，让我看了好感动。他的笑容是那么的纯真、美丽，眼神清亮、纯净，全身的肌肉匀称、线条柔美。而他的几项绝活——水晶球、大铁环（也是美到不行的表演）、火鞭，真的都是旷日费时才能练出来的功夫，没有他这么美和定静的心，是绝对做不到的。他生活条件比较优越（因为在美国长大），居然有这种毅力，真了不起。有人问他："你下一个要表演的会是什么？"他说："不知道。"再问："什么时候能看到？"他说："三年吧。"哇！用三年的工夫来练一种技术，他真是好奇特的人。

他最早是从街头艺人起家的，因为他喜欢跟人面对面地接触。可想而

---

①胡启志，男，美籍华人。参加2011年《中国达人秀》节目。在"达人秀"的舞台上（包括第一季和第二季）表演了水晶球之舞，被网友誉为"水晶球达人"。

知，他的父母对他非常不赞同，被问到这点时，他也神色黯然、眼中含泪地说："有五六年的时间，都不太跟家里人联络。"看到这里，我心里非常难受。又是典型的中国父母吧？希望孩子上哈佛名校（我都把你带到美国来了，这么好的环境，你不好好学习，去搞什么杂耍）。这么有天分的孩子，如果是我儿子的话，我一定全力支持他，而且会引以为荣。就算他只是个街头艺人，没有红到可以去人民大会堂表演，我也一样支持。

　　因为，我最喜欢看到一个人全力、全心地投入一件事情时的那种专注感，无论他做的是什么，都有一种美感在内。记得我30多岁的时候，当时很着急，想赶快嫁人生子。那时经过我家门口的路边摊，有一个卖面的老板在切小菜，他切海带、豆干时的那份专注与细腻，美到让我都想嫁给他了，可惜他老婆在旁边虎视眈眈，只好作罢。

　　生活中缺乏美感就像沙漠中没有水一样痛苦，而幽默和轻松，更是生活中不可或缺的润滑剂。亲爱的朋友，我们加油吧，让生命中充满美感和欢笑，不枉此生。

在最无助、痛苦、纠结的情况下，一定要看到有其他的可能性。他离开你了，你除了伤心欲绝外，还有碰到更适合你的人的可能性。事业失败了，你除了颜面尽失还要承担后果外，还有另起炉灶的可能性。亲人过世，你痛心疾首，但伤痛总有愈合的可能性。在最黑暗的谷底，不要放弃任何其他的可能性，一定要看见这一点！

德芬心语

怎样演好人生这场戏

都说人生如戏,但是有几个人能够真切地把自己的生活当成一场梦、一出戏?能够做到的人是潇洒、自在的,不入戏,就可以来去自如。

为什么我们做不到呢?

因为,在生活中,我们没有给自己"下戏"的空间。

我们是演员,永垂不朽的演员,而此时我们在地球上的身份,只是我们戏中的角色而已。你在日常生活中,愈多能体会到这个真理,你就会愈快乐、愈自由。

可是我们常常不满意自己戏中的其他演员、事件等,想要窜改剧情。或是太入戏、太投入,完全失去了理智,忘了那些只是你的台词和表演的剧情而已,你真正的身份不是这个角色。

如果想要避免这种情形发生,在生活中多给自己一点"下戏"

的机会：

每天的静坐或是沉思冥想，每周末的放松、发呆，一段时间之后的度假、转换时空，都是让自己"下戏"的好机会。

如果想更有效地让自己成为演员而不是剧中的角色、人物，你可以每天设定时间提醒自己，不要太入戏，这只是你的角色，不是你的真实身份。把角色演好很重要，但是要来去自如。否则你的生活就是狭隘的、受限的，而不是宽广的、自由的。

/ 德芬心语 /

很多人喜欢问：人活着是为了什么？活着有目的吗？我问：你去游乐场、去逛公园、看电影是为了什么？有什么目的吗？人生最大的挑战就在此：在这个有好有坏、黑白分明、无法尽如人意的二元对立的世界中，找到活着的乐趣。哥们儿，这就是你人生的目的。

如果
只有十年可活

2012年，惠特妮·休斯顿病逝，台湾的"帽子歌后"凤飞飞也过世了，享年60岁。惠特妮·休斯顿和我距离比较遥远，但我从小是听凤飞飞的歌长大的，看到她这么早去世，心里的确感触很多。

记得以前我很喜欢算命，算得最准的就是铁板神数[①]了，它可以推算出你是哪一分钟出生的，然后告诉你许多非常精确的信息。但是，对于未来，它始终比较模糊，有时甚至隐瞒大事不说（当时带我去算的朋友也是学八字命学的，铁板神数就没有算到他几年后会离婚）。

铁板神数算人的个性格局最准，它都是用诗词表达，意境有时候还挺美。记得它对我的总论是："苏小之智，道韫之才，似出桃源有仙谷，技纶高交名女子。"有苏东坡妹妹苏小妹的智慧，东晋

[①] 古代的一种占卜术，相传此术事事必验。

宰相谢安侄女谢道韫①的才华。

它还说我："物质充恒已足够，精神恒带三分苦。一生为情苦，几度乱心乱。"这就是为什么我需要修行吧。既然注定精神恒带三分苦，而且为情所苦，我就得学会如何和这份"苦"共处，而不是用外在的人、事、物，来遮盖、逃避、否定、转移。承认、面对、接受，这是唯一的出路。

最后批到流年的时候，我记得它只批到我60岁，就说："夕阳西下，行人正徘徊。"这意味着我在60岁的时候可能有一个"出口"，就是离开这个人世。当时觉得60岁有点早，现在看来是迫在眉睫的，因为我已经年过五十了。

嗯……如果只有十年可活，我该怎么过呢？

我想，如果只有十年可活，我会好好享受这个世界一切的美，并且把自己放在第一优先的位置。我不会为了更多的名利而降低自己的生活质量（说实在的，更多的名利根本不在我的生活清单当中）。我也不会为了讨好别人、获得别人的喜爱而勉强自己做不喜欢的事。这个"别人"包括了我最亲近、最亲爱的人。我相信，我们自己的幸福快乐是我们可以给自己爱的人的最好礼物。

---

① 关于谢道韫的才华，有这样一个典故。一次，谢安召集儿女子侄讲论文义，大雪骤降。谢安问道："白雪纷纷何所似？"谢安侄谢朗答："撒盐空中差可拟。"而谢道韫说："未若柳絮因风起。"安大悦。这一咏雪名句后为人所传诵。

我要好好地到处旅行，享受这个地球的各种人文、艺术、风景、文化等。为了让这可能是最后的十年活出最好的生活质量，我需要维护身体的健康，多锻炼，让手脚灵活，注意饮食、保健，好让身体保持轻盈。随时提醒自己，这可能是你人生的最后十年了，少计较，多开心。

　　这就是我想做的。人生不在长短，而在于是否灿烂。亲爱的，你呢？如果只有十年可活，你会对你的生活、你的生命做出什么不一样的改变和决定呢？

德芬心语

我们用各种物质享受、人生成就、人际关系，甚至灵性追求，来遮住自己内心那个无底的大黑洞。没有用的，生命始终会制造各种情境强迫你去面对心中的这头野兽。唯有高度觉知的观照才能让你慢慢看清黑洞的本质，接受它就是我们的本来面目。不用逃不用躲，舒舒服服地安心歇一歇吧。

06
修行并非为了不再受苦

面对痛苦、经历痛苦才是最好的修行，
没有一劳永逸的离苦方法。

灵修是个骗局吗？当初我灵修是想要逃避痛苦，获得永远的幸福快乐，最后我发现，灵修之后的痛苦和烦恼一点都没少，甚至因为自己敏感度的增加和向内看而更加地痛苦。差别是，现在的我，在悲伤中能面带微笑地生活，在恐惧中能够继续前进，在绝望中能看到希望，在黑暗中能够想象亮光，如是而已。

德芬心语

修行是一场骗局吗

一位受我的书启发而开始灵修的女孩，两年来，收获之余却陷入迷茫。她很羡慕我有机会常常出去走走，享受生活，她却要在灵修的同时，继续工作来赚钱生活、培养儿子。

"修行是一场骗局吗？"她真诚地问我。

我对她说，亲爱的，修行不是一场骗局，人生才是一场骗局。所以，你经历到的所谓人生痛苦也都是这个骗局的一部分。修行的最终目的就是要带你看清这一点。

大部分人都认为，修整他们外在的环境和人、事、物就可以让他们快乐。走上灵修道路的人却知道，问题的根本在于我们的内在。但是修行最后也可能会成为大家逃避现实的工具，认为"我只要走上灵修的道路，所有的人生问题都会解决，总有一天我会开悟解脱，不再痛苦"。这样的想法是把灵修当成了人生的

避风港。

我最喜欢的作家杰德·麦肯纳说:"地球是一个大游乐场,我们每个人在里面玩自己的游乐设施。"我玩过读书求学、追求成功和事业、恋爱、结婚、生子、追求灵性等,这些都是游乐项目,灵修也不例外。我都玩遍了,到了绝望的时候,才发现人生原来是这样有趣的一个虚幻的游乐场,我没有离场不玩,而是决定继续玩下去。抱着"在这个世界中却不属于它"(In the world, but not of it)的心情继续搭我的过山车、坐海盗船、摩天轮、旋转木马,继续享受它们的刺激和乐趣。

不要相信外在的权威,也不要依赖外在的人告诉你应该怎么做。你需要找到自己内在的声音,找到那个在演你人生角色的真正演员。比如说,静坐、冥想可以帮助你接触自己的内在,让头脑里的声音安静下来,或是至少让你能坐在那里听听自己脑袋里的声音都在说些什么。再比如说,一些情绪治疗的课程可以让你看到自己内在有很多需要疗愈的地方,你愿意负责任地去表达和疗愈它,而不是用受害者的方式去发泄它。一些呼吸课、禅修课可以帮助你察觉自己,加强你回观自己的力量。

但是最终,你还是要愿意面对自己,愿意不断地回观自己,并且能不带批评地接纳你观察到的自己。这些是任何人都无法帮你办到的,连佛陀在世都不可能。

所以，我现在很少读灵性书籍，除非那本书是关于真正实相的，而不是强调光和爱那些新时代花言巧语的。后者对某些人可能很有帮助，能让你自我感觉比较良好，产生一些安全感，但是千万不要停留在那里，你必须前进。真正的灵修道路是艰苦的、寂寞的，刚开始也许风景很美，惊喜不断，但是如果你贪恋这些，驻足不前，那你就还是困在虚幻的尘世中，永远无法看到真相。

我现在也很少上灵修课，因为我的头脑已经知道太多的道理了，我需要和自己的内在、和身体有更多的联结。所以我会去学神圣舞蹈[1]、苏菲旋转舞蹈[2]，甚至想去"闭黑关"[3]。然而我们也无法否认其他灵修课对某些人有阶段性的价值和帮助，我自己不就是这样一路走来，受益于许多书籍、老师和课程？

所以，回答前面那位读者的问题：我并不是不修行了，只是我厌倦了灵修神神道道、强调光明的那一套，还有那些不断在豢养灵性小我的修行人和老师。既然我都知道"灵修"不过是游乐场中的项目之

---

[1] 兼含科学与美学的肢体动作，平衡理智、情感与身体的发展，为生活带来专注且放松的状态，让生命呈现敏捷又优雅的质量。
[2] 苏菲旋转舞蹈是一种神秘的修炼方法，源于古老的中亚，并受到西方修行者的追捧。
[3] 人在28天或49天中居住在一间彻底没有光线的闭关房内，进行七天一回合的心灵修持。它可以引发视觉和内心光明的出现，由于身体内外的界限，内心无意识中的邪恶和良善也会呈现出具体有相的形象。

一，我也玩够了，就可以暂时放下那些外在的形式了。我是把灵修融入到我的生活之中，完全地融合，而不是在形式上做一些灵性修持、上灵修课、求教大师、看灵修书等。但是，达到这个阶段，我是经过众多苦难的磨炼，上过无数的课、读过各类的书，而且对无数的大师感到失望，最后得到的状态。当你玩够了的时候，你自然会知道。但对现在的你来说，亲爱的，那一天可能还没到来。

至于我有条件玩，自由自在，你要工作、育儿，好像是外在因素决定了我们的状态，其实不是的。我曾经在与现在同等的外在条件下感到非常痛苦，每天困坐愁城，封闭自己，纠结抑郁。走过那一段人生低谷之后，我回头看，当然觉得自己傻，但这是我必须去经历的过程，否则就没有今天喜悦、自在的我，这跟外在条件是没有关系的。**如今的我，如果需要工作养家、养育孩子，我的喜悦程度不会减少，因为我的喜悦不是来自外在条件，而是来自凤凰涅槃的重生。**（顺便补充一句，我现在的喜悦和自在是来自和负面情绪相处的能力，以及接受自己不喜欢的人、事、物的能力，但这并不表示我没有负面情绪和烦恼了！）

愿每个人都有勇气、有决心去面对自己人生的课题，带着信心继续探索自己的内在，找到属于你自己的自在喜悦！

他离开了你，无论是什么原因，你一定要因此而成为一个更好的女人：自在、美丽、宽容、有见识、热爱生活。抱怨、愤怒、自责、自怜不会让你变得更好。你变得更好，就是对他最大的惩罚和报复。不过，到时候你也早已不在乎了。把他当成完善自己的燃料和动力，多好！

——德芬心语

修行并非为了
不再受苦

　　最近我和一位久未谋面的朋友碰面，她和几年前判若两人，喜上眉梢，显得更年轻了。

　　记得当时她的婚姻出了状况，老公爱上了别人，给她带来了很多难堪和难题，那时她天天到处找人哭诉自己的悲情。我们是在灵修课上认识的，我也不知道该怎么帮她。因为我们课上学的东西（不要做受害者，要为自己负责……），她似乎一点都不能接受，也听不进去。后来我自己也有麻烦，就没和她联络了，一晃眼，好几年过去了。

　　这次重逢，我惊见她的转变。追问之下，原来她老公离开了整整三年，无声无息。头两年的春节，她都是在泪水中度过，买了很多书看。后来，她逐渐在痛苦中找到力量，开始享受一个人的生活。第三年的春节，她是自己一个人高高兴兴地过的，还学会了独处的快乐，过得非常开心，事业也蒸蒸日上。

就在这个时候，老公回来了，她不计前嫌地接纳了他。他在外面几年，痛定思痛，重新认识了自己，心胸逐渐变得开阔，也知道自己以前不对，所以回来以后对她非常好，像变了个人似的。

看到她的故事和转变，我有两个感想：

第一，我们常说别人好命，可是有没有看到他们背后的辛苦和代价？

朋友的老公当时对她极为恶劣，周围的朋友都看不过去。可是当他回来的时候，她却欣然接纳，不记前仇，这种气度有几个女人可以做到？人家做到了，这就叫作"好命"。好命是自己挣来的，不是老天给的，所以我们不要尽羡慕别人啦。

第二，生活就是最好的修行道场。

这个朋友后来都没上灵修课了，而且，她日常生活中也没有做任何修行，但是她的成长和改变令人惊叹。经由痛苦而成长是最快的成长，谁说修行一定要正儿八经地上灵修课，修持一个法门，跟随一个老师，摆出一副我在修行的样子？生活就是最好的修行道场，不能好好面对、处理自己生活里种种问题的人，无论再怎么努力跟随大师修行，再如何精进，如果你作为一个人的问题都没有处理好，你就是在拿修行逃避自己真正应该面对的课题。在灵修圈中，这种人太多了。

所以，面对痛苦、经历痛苦才是最好的修行，没有一劳永逸的离苦方法。只有透过受苦，我们打受苦"预防针"，加强自己受苦的能力，下次痛苦再来的时候，我们才有能力承受，并愿意和它共处，不再逃避。想要真正地经历痛苦，和痛苦共处于当下，最好的方法就是不断地觉察和回观自己，这些方法散见在各种灵修法门和书籍中。很多人热衷于学法门、拜大师、读好书，可是拿这些来逃避痛苦，而不是真正地去"观"和"修"。很多老师甚至也利用学生的这种心理，传一些法门和好听的正法来诱惑学生，满足自己的私欲，却让学生没有能力真正去"观"，并培养与痛苦同在的能力。有些老师甚至还宣称，大家学了他的法门以后就"不会再痛苦"了。这真是灵性贩售的最佳广告，只可惜都不是真的。

　　我个人的看法是，只要是人，就一定会有痛苦，痛苦是如影随形，永远去除不掉的。我们能做的，就是去培养受苦的能力。回到自己内心，不依赖外力，诚实地面对自己、觉察自己，才是最好的方法。

灵修就是
要为自己负起全责

我从小在台湾长大，台湾人很喜欢求神拜佛，宗教信仰非常活跃。但是我一直很困惑，因为我看到这些虔诚的宗教人士，他们求神拜佛的动机不外乎是出于贪婪和恐惧。

因为害怕不好的事情发生，所以要求神佛保佑他们，或是他们所爱的人——这是出于恐惧；因为想要获得一些世间所得：钱财、权力、伴侣、孩子，而去求神拜佛——这是出于贪婪。

而在灵修的过程中，这两者也不免成为我们的动力。灵修人士比较高明一点，我们还加上了小我的所得——灵修之后，觉得自己高尚，高人一等。所以很多灵修中人学了些东西以后就迫不及待地好为人师，想出来做老师，教导别人。

还有，为什么大家这么崇拜大师、迷信高灵呢？这与贪婪、恐惧和小我不无相关之处：去印度拜个大师，回来我就能事业顺利，还找到人生伴侣了；经由高灵的指点或上师的加持，我就能不劳而获地得到智慧，从容面对人生的难题了；上了一堂灵修课，我释放了一些东西，获得了一些指引，所以我的人际关系就能变好了。这和我们现在社会流行的"快餐文化"也很有关系。我们都不想自己下苦功去修，只想快速求解，愈快愈好。

这其中，还有一个"懒"字在里面。希望高灵、上师能快速教会我幸福快乐之道，所以我就不必去面对自己内在的阴影和生活中的难题，不必一步一个脚印地去走这些艰难的旅程。

其实，在灵修道路的一开始，想要获取这些"所得"是很正常，也是很正当的。那些贩卖"运用心灵力量求取财富""和谐的亲子关系、亲密关系""毫不费力地获得成功"等灵性课程，的确能帮助一些人获得心灵上的安慰和收获，它们的存在有其必要价值。

但是，真正的灵修究竟是什么？就是靠心灵力量求得"世间所得"，或是在这个世界上玩得更转，把所谓的噩梦变成美梦吗？我觉得一段时间之后（至少对我而言是如此），灵修不应该仅止于此，应该是要真正地看到人世间就是一场幻梦，是虚幻的假象。真正看破这点而能够活出来的人，就是真正的悟道者，但是这类人少之又少。

现阶段的我，觉得灵修的更深一层就是要为自己的生命负起全责，不再靠外力。所谓的"外力"包括灵性老师、上师、宗教修持、医生、爱人、孩子等。

比如说：

- 我要在自己的内在找到力量，而不是靠灵性老师来给我力量。
- 我要自己找到智慧来面对难题，而不是靠上师把我的难题拿走。
- 我要好好面对自己内在的阴影、痛苦，而不是靠念经、放生、持咒、祷告、读经等来转移我的注意力，让自己好过一点。
- 我要好好照顾自己的身体，而不是靠医生给药吃来维护健康。
- 我要为自己的快乐、幸福负责，而不是要我的爱人来负责。
- 我要为自己的未来创造希望，而不是要孩子为我活出未来的希望。

要想破解我们既有的思维模式，需要至少大半年时间。因为我们的思维模式行之有年，历史悠久，是不可能经由一个灌顶、一次加持、一本书、一堂课就可以改变的。更重要的是，没有任何人——即使是佛陀、基督在世——可以改变你。你必须自己下定决心去改变，为自己的生命负起全责。所以，一定要学会不再依靠外在的权威，要靠自己去下功夫。

因为生活中的困境而去求神拜佛、算命搞风水的人是愚蠢、懒惰又脆弱的。因为困境就是要我们学习生命功课的,这些人不在自己的内在下功夫去学会灵魂的功课,内心软弱无力,只想偷懒去求诸外力,快速解决。即使问题暂时解决了,它还是会再度找上门,一次比一次厉害,直到你学会功课为止。

德芬心语

与灵联结的连续呼吸法

我曾经读过一本书，很受启发。书名叫《重拾灵魂悸动》（*The power of your spirit－A guide to joyful living*），作者是桑妮雅·乔凯特（Sonia Choquette），台湾生命潜能出版社出版。

灵修的人常常光说不练，或是只注重外表的形式，没有想到灵修其实是一个内在转化的过程，而不是外在形式上的作为。

内在的转化，除了向内看，更加认识自己，了解自己的起心动念之外，也需要和自己内在最深的本质建立一种联系。（这部分我自己都做得不够、不好！）我们自己最深的本质，在本书中作者称它为灵。称它为什么并不重要，重要的是我们要体认自己不只是这一具身体，试着去和自己内在的直觉、神性、灵性联结，这才是最重要的。书中介绍了一种呼吸方法，在这里和大家分享。

与灵联结的呼吸法中，我（作者桑妮雅）最常做的是连续呼吸法，每天早上都会做。连续呼吸法步骤如下：比平常早15分钟起床。醒来后坐在床上，背靠枕头。可以将闹钟设定在15分钟后，这样就不用担心迟到，可以完全放松、专注。

闭上眼睛，用鼻子深呼吸几次，慢慢地让身体醒过来。接下来，吸气的时候松开横膈膜，把气带到下腹部，然后快速地放松肌肉，吐气，像轻叹口气一样（保持用鼻子呼吸，嘴巴紧闭）。不论吸气或吐气，都不要用力。吸的时候把气吸到腹部，吐的时候迅速松开。

每一次呼吸之间不要停顿，把吸和吐连起来。刚开始可能会不习惯。如果你平常会下意识地屏住呼吸，可能需要适应一下。把呼吸连起来，就能接通来自神圣灵魂源源不绝的能量，也能改变振动。不用多久，你就会习惯连续呼吸，并且乐在其中。

这个练习法可以帮助你想象呼吸像钟摆一样流进流出：吸气，气摆荡进来；吐气，气又摆荡出去。呼吸在胸腔之间很自然、很平静地流通，一口接着一口，没有中断，持续15分钟。

练习几次后，你会进入半梦半醒的状态。吸气时，注入来自神圣高层的爱，让每个细胞充满活力与神圣的光辉，感觉身体无比开放，无比轻松。吐气时慢慢地吐，不要用力。想象把身体里累积已久的毒素全部排出去。任何忧虑、压力、烦恼、负面思考、负向经验，以及对未来的种种恐惧，也都一并释放。每一次吐气，都会净化不再符合生命目的的振动；每一次吸气，则会把注真实自我的能量。

流动的呼吸具有由内而外的净化作用，并在周围创造出富含生命力的能量场。感受一下呼吸如何改变振动。你越专注于深层呼吸，身体、头脑、情绪越清明。这会让你放松、平静、安住于当下。

继续练习连续呼吸，直到闹铃响起，或者直到感觉自己准备好迎接一天为止。接着，把双手轻轻地放在闭起的双眼上，专注于体内的那一股平静。不要心急，也不要改变呼吸，慢慢睁开眼睛，做最后一次深呼吸，然后拿开双手。伸展一下，再起身，同时恢复平常的呼吸。

开始一天的生活时，感受来自造物者的满满支持，给予你无上的爱与本源的喜悦能量。你不再需要寻求他人认同或外在支持，所以不必害怕，也无须不安。外在世界不是你的能量来源。他们共享宇宙的神圣能量，但无法支持你。呼吸就是你的能量泉源！觉得很难受或开始自我质疑时，专注在呼吸上，就能恢复平静、神圣的存在状态。

"人并非仰赖出入息来维持生命。真正的生命泉源，是促使气息流动的力量。"①

---

①摘自印度最经典的古老著作《奥义书》（Upanisad）。

无计可施了?
祈祷吧

    我有一个认识十多年的好友,我刚来北京时,她刚从海外留学回来创业。

    这些年来,我看着她一路辛苦经营,公司成长到现在的规模——准备上市。

    她的能干没话说,她想要的东西、想要拉拢的人,没有做不到的。可是,她却对自己的女儿束手无策。她的女儿长得非常漂亮,不是一般地聪明,但就是注意力不集中,而且患有多动症。怀胎四个多月的时候,她还曾经打算把孩子拿掉(其实这对孩子有莫大的影响——重大的惊吓和恐惧——所以胎教是一定要注意的),因为她不相信婚姻,不想结婚。后来鬼使神差,她把孩子留下了(七个月就早产,这对孩子也会有很大影响——绝对缺乏安全感和归属感)。做母亲之后,她很开心,婚姻也很幸福,公司业务蒸蒸日上，虽然忙，但成就感特大。

但就是这个孩子带给她很多烦恼——学习不好，行为不端，特别难管教。在商场上叱咤风云的女强人，在人际关系中挥洒自如的外交家，就为了女儿而困坐愁城。

我给她的建议是：人的末路，就是神的开端。这不是说她非得去信个宗教或是去求神拜佛，而是我觉得这是她可以展现谦卑的时候。

一直以来无往不利，加上自己极其能干，什么事在她手里都玩儿得转，但是总有不灵的时候。我真的相信，只要她愿意弯下腰来，谦卑地祈求更高力量来协助她，那么就会有奇迹出现。也许是孩子变好了，也许是突然出现一位很棒的专家可以供她咨询、帮她照顾这个孩子，或是一位充满爱心的老师、一家愿意收容她女儿的学校。真的，奇迹无所不在！就看你愿不愿意开口祈求，承认自己的无能为力，愿意把事情交托给一个不知名的更高力量。

我常常说，人的谦卑和高傲放错了边。

我们对于个主宰宇宙、让各个星球如此和谐地转动、让我们顺利来到这个世界的那股最高力量（老子称之为"道"）常常掉以轻心。我们不认识它，更别说是推崇、运用它，与它合作来共同创造我们的人生了。对于眼睛看不见的东西，我们是如此地忽略，高傲地以为我们五官接触到的东西才是唯一真实存在的。还以为只要我们够努力、有手段，就可以控制自己的命运和际遇，得到我想要的。

真的吗？让我们静下心来好好扪心自问，在这个世界上，我们可以完全掌控的事物有什么？如果老天不乐意，我明天是否能顺利下床都是个未知数。祂随便动一根手指头，就可以轻易毁灭一座城市。但是我们对这股力量掉以轻心，向来都无视它的存在，更别说与它同频共振，来创造我们的人生了。

在另外一方面，我们却对日常生活中出现的人、事、物表现得非常谦卑，或是说无力吧。很多人会说："我的老公就是这样，怎么办？他让我很痛苦，怎么办？我的财务状况就是这样，怎么办？我运气很糟，怎么办？"然后我们会指责这些人、事、物，都是他们不好，都是他们的错，所以我会这么痛苦，而且会变成这个样子，完全无能为力。

我们认为，这些外面的人、事、物，或是自己内在的痛苦要比我们大很多，所以我们是毫无反抗能力的。虽然一直试图改变它们，但是它们依然如故，让我们觉得更加地沮丧、无力、挫折、抑郁。有的人更是宁可自己扛着所有的痛苦也不开口求救，顽固得无以复加。或是有些人开口求救了，却还是紧抓着痛苦不放，因为他们觉得痛苦比他们更强大、更有力，需要外在的帮助才能挪走。问题是，痛苦是在我们之内的，谁能帮助我们拿走它？

其实，真正能挪走痛苦的只有我们自己。也许我们会说："我没有力量啊！"很多灵性书籍、大师、教诲、法门，都是在帮助我们找到自己内在的力量，去面对我们的痛苦。因为，痛苦都是源于我们错误的想法和观念，只是我们放下不。如果真的尝试了很多方法却都徒劳无功的话，何不试着去祈求那股无形的、无所不能的最高力量来帮助我们，给我们力量呢？所有的力量、智慧、解决问题的方法，其实都在我们自己之内。祈求最高力量就是希望它能够帮助我们接触到自己内在的力量，找回真正的自己。

有人也许会问："那个力量是啥？我跟谁求？"

会问这个问题的人，就是还不够苦，还不够desperate（绝望）。

因为要是真的很苦，而且愿意谦卑地接受帮助的话（这两个前提很重要），那么我们就自然而然地会呼求任何可以帮助我们的力量，根本不需要脑子告诉我们，它是女的还是男的，穿什么衣服，有没有人形，是啥模样，等等。人类的本能在最绝望的时候，会自然而然地出现。

如果还不够绝望，那是因为我们觉得自己还可以扛得住，还可以靠自己的力量解决，或是我们还是不想放下对那个人或那件事的批判、责怪，我们觉得这样比较舒服，因为不想承担自己要担负的责任。人有时真的是不可思议的矛盾和愚痴，像一台沉睡的机器，只会按照原有的模式运作，即使那个模式是伤人害己的，也不愿意改变。

另外一种人稍好，至少愿意去求助，他们到处投诉、埋怨，找不同的管道来帮助自己（像灵性导师、心理咨询师等），但是他们的内在还是没有真正地对那股力量臣服、谦卑。

我设计的心想事成①的发愿词,其实就是一种祈祷。如果我们真心诚意地念这样的祷告词,把它发射出去,天地之间一定有人会负责响应这个呼求的。试试看吧。

最重要的是,这样试的话,有什么损失呢?

德芬心语

灵修最重要的是要学会在每个当下和自己开心地相处,而不是去追求觉醒或开悟。因为那个追求的动作就把你带离了当下,带离了你自己,你会变成一只追逐自己尾巴的狗。如果你学不会和自己相处,那么任何外在的人、事、物都不会带给你恒久的快乐。把心收回来放在自己身上,安静地和自己的呼吸共处于当下。

---

① 关于"心想事成的发愿词",请参考张德芬.遇见心想事成的自己[M].长沙:湖南文艺出版社,2012。

为什么
我会孤单痛苦

　　单身一年多来，我不断在重复小时候经历过的痛苦情绪，而且是我最害怕的一种感受——孤单、没人理会。看到这里，你可能会说，德芬，你怎么可能孤单、没人理会？爱你的人那么多，你的读者都恨不得见你一面，为什么你会有这样的感觉？其实我都说过啊（我的微信公众号里小时空修心课介绍的那本书《情绪自控力》），我们小时候经历的熟悉情绪，在成年后还是会不断地拜访我们，这是因为大脑不自觉地想要去抓取、重复那些它所熟悉的情绪。

　　我从小就有这样的感受，我非常不喜欢它。所以成年以后，我对付它的方法就是用亲密关系去遮盖、减轻、否认、逃避。从18岁第一次谈恋爱以后，我几乎没有"男人空窗期"，就是不让自己感受到孤单、没有依靠。心里面有一个可依靠的对象，对我来说非常重要。任外面有粉丝千万、儿女成群、父母安在，我心里需要踏实地有个男人，我才觉得在这个地球上有安身立命之处。

这种感受从何而来的呢？记得我小时候，爸爸年轻，整天在外面忙碌，妈妈在家里事情多，也不理会我。哥哥更是天天出去玩得不见踪影，因为他是男的，妈妈从来不限制他的行动。但是，因为我是个漂亮的小女孩，妈妈从来不让我随便出门。出门一定要报告：跟谁？去哪里？干什么？什么时候回家？怎么去？反正就是那五个W（What?Why?When?Where?Which?）和一个H（How）的问题，都要妥善报告处理，我才能出门。

所以，大多数时候，尤其是逢年过节，没有正式的理由出门（同学朋友都跟家人相聚），我们家里没有家人相处的气氛，只有一个愁眉苦脸、整天忙碌的母亲，和一个内心敏感丰富，却因此而寂寞孤独的小女孩。那时候没有电脑、互联网，只有不见得都好看的电视节目（而且不是全天都有）和我们家买不起的书。记得我常常靠在我家旧公寓三楼的窗户旁边，看着窗外，一个人向往外面的世界，可是那个看似热闹繁华的世界却与我无缘。所以，从小我最痛恨过节，每到节日我就很难过。当然，有了家庭和小孩之后，每个节日我们都在一起过，然而天下没有不散的筵席——孩子都去美国了，我现在又孑然一身，那种悲苦、孤单、无依的感受又全部回笼。

刚开始的时候，我会认为是因为没有男人陪伴的缘故。但是后来我清楚地知道、看见，这是我小时候情绪模式的延续，也是我头脑诡计创造出来的幻象。我现在的孤苦完全没有道理——我父母都安在，儿女亲密贴心，我自己随时可以出门、找朋友，买张机票就可以到世界任何一个角落，可是当我一个人在家的时候，我还是感受着从小就有的那种苍凉和孤寂，挥之不去。

我很清楚，老天是要我体会别人的痛苦。因为我常常不明白，为什么很多成年人有那么多的恐惧、匮乏、不安全感，担心这个担心那个，我就从来不会这样——因为这些都不是我的童年情绪模式——所以我会误认为自己非常有勇气。现在想起来，那只不过是因为它不是我的命门而已，没什么值得夸口的。因此，每当那种孤苦无依的情绪上来的时候，我会试着去看穿它的虚幻性，也告诉自己，不要被它骗了。但是，那股力量真的是非常强大，常常还是把我打成抑郁的状态。

这时，我会告诉自己："德芬，你一定要坚强，一定要超越这个虚幻的情绪模式，因为，有那么多人，他们也有他们的各种情绪模式，当你走出来了，后面的人会更容易走出来，这样你可以帮助到多少人，解除多少他人的痛苦你知道吗？"

是的。我们都是一体的。记得那个一百只荒岛猴子的故事吗？日本的一座荒岛上有一只猴子，有一天，它拿起沾满泥沙的土豆时，突然有了个灵感，它把土豆放在海水里面洗了一下，泥沙洗尽，土豆居然格外好吃。于是，它周围的猴子都开始仿效它，洗一洗土豆再吃。当岛上一百只猴子都这么做了以后，整座岛的猴子都学会了，更令人惊讶的

是，日本学家观察到，其他岛屿上的猴子居然也自行学会了这个办法。一时间，猴子这个种族都学会了：土豆要洗洗再吃。到了后代，可能猴子们都不会知道为什么沾满泥沙的土豆要放到水里去过一下再吃，但是它们就是会这么做，因此族群的行为基因已经改变。

哈哈哈，你们会不会觉得我在自我安慰呢？我自己当然不这么认为。我真的相信，当我能够彻底走出、放下自己童年这个情绪模式的时候，我会更有力量和能力，带领更多的人走出自己的迷惘，突破自己的情绪模式，更加贴近真实的自己，获得更幸福的人生。

我坚信！！！

/ 德芬全新体悟 /

想要维系住婚姻，
势必需要忍辱负重或是做出改变

婚姻出现危机，该何去何从？

最近一位朋友发信来问一件重大的事情。他很直接地说："姐，想离婚了，真过不下去了，但是又怕伤到女儿，怎么办？"我用一长串语音回了他。

首先，我判断他是碰到婚姻的瓶颈了——自己事业红火，在外面忙得不亦乐乎，见多识广，生活忙碌愉快而充实。家里的老婆，不思长进，看到老公那么忙，知道老公的心都不在家，自己很没有安全感，所以找他麻烦。

我跟他说，除非你觉得这个女人真的面目可憎到了极点，实在无法忍受，否则我劝你忍个几年。人对人、对事的感觉都会变的，现在觉得无法忍受，贸然离婚，破坏了家庭，谁知道再娶来的人会不会走入同样的模式。五年、十年后，你年纪大了，想安定下来，想回家了，可能还是觉得那个糟糠之妻不错，至少你们有个共同的孩子，而当初你爱上她的那些优点，可能也都还在。现在事业忙，就去忙吧。回家就尽量配合着去演一个好老公的角色，能混过去就混过去。我也给了他非常中肯的建议，男人其实都是不安分的，数十年如一日地守着一个女人，是有点违反天性。

　　《自私的基因》这本书，就是从生物科学的角度来说明男人的花心，是从老祖宗那里遗传而来的——远古时代，为了让自己的种族得以延续，男人必须多"播种"，这是天性。后天的制度、礼教、道德，限制了这个天性，但是不表示男人不会花心。

　　因为看过太多都是靠双方外遇才维持下来的婚姻，我劝他想清楚，如果在保存婚姻的前提之下，可以逢场作戏、分散精力，让婚姻得以继续维系，免得自己精神太苦闷而坚持不下去。"但是，"我跟他说，"如果真的动了感情，需要牺牲婚姻，孩子难免不受苦。"

　　保存婚姻对孩子究竟好不好，其实很多文章都说了。我个人觉得，如果孩子要和一对貌合神离、天天吵架、剑拔弩张的夫妻一起过，不如单亲、明智的母亲创造的和谐气氛环境来得好。但无论如何，对孩子来说，这都不是最理想的状况。

　　"不过，"我说，"分开之后，孩子会受多少苦，取决于父母双方的人品和教养。有些母亲会把对孩子父亲的恨发泄到孩子身上，或是教导孩子仇视父亲（这是情商低又自私的母亲会做的，害了孩子一辈子）。所以，投鼠忌器，如果要离婚，你老婆的性格决定了孩子受多少苦、会不会受苦。"

朋友回信："知道了！"我也没多问，想必是戳中了痛处，正中红心。

结婚前一定问自己的三件事

最近也有另外一个朋友考虑和老婆离婚，我却是非常赞同的。因为六十岁的他娶了一位三十多岁的漂亮妹妹，婚前还挺甜蜜的，婚后噩梦连连。

漂亮妹妹有一定程度的精神障碍（没看过医生，外表也看不出来），但是聪明的她，婚前隐忍着，婚后才时不时发作，歇斯底里的叫骂声整栋楼都能听到。任何一点小事，就大闹不休，又不明事理，让六十岁的老头身体状况急剧下降，他原来挺精神的，结婚后两年，所有老年人该得的病都得上了。我跟他说命要紧，抛弃一个好像没有犯大错的女人的愧疚感只有他自己好好地去面对了。

婚姻，究竟是什么？我建议，所有谈恋爱、想结婚的人，一定要做好婚姻的功课再结婚。婚姻的功课是什么？我个人认为有三大功课。

1. 就是需要搞清楚结婚是为了什么；

2. 就是要认清楚对方究竟是什么样的人；

3. 做好适度改变自己性格和三观的准备，否则婚后的磨合够你受的。

第一，搞清楚结婚是为了什么，才能够头脑清醒地去选择合适的对象。

比方说，如果是为了有子嗣，传宗接代，那么你要考虑对方各方面的基因，包括个子多高、什么体质、什么性格等等，这些都有可能全部转嫁到你未来的孩子身上。那挑选结婚对象时，怎么可以看对眼了就算数呢？如果是情投意合想结婚，那当然也很好（不过现在好像已经过了那种情投意合就必须结婚的时代），但还是要把婚后一些比较务实的事情想清楚，并且确认你了解对方够多了。

第二，你对伴侣的了解究竟有多少？

你对他家的背景了解多少？你知不知道结婚以后，就不是两个人了，而是两家子人？我就告诉我的两个孩子，一定要交往至少三年以上再谈婚嫁，而且我建议他们都先同居一段时间，磨合得差不多了，再考虑结婚。我的孩子很幸福，不用考虑家人问题，我不会给孩子的婚姻制造任何麻烦。我有个朋友是大龄剩女，她找对象的时候就开玩笑说，要找父母都不在了的，因为她在第一段婚姻里面吃尽了苦头。

第三，做好改变的准备。

没有人是与你天生相合的，婚姻到了后来，更多的是牺牲、迁就、忍让，不是一般人想象的两情欢愉之后的风花雪月。即使是贤惠的妻子，遇上德行需要点修养的丈夫，也必须好脾气地忍让。所谓德行不好，在这里的意思是：没有耐性（脾气坏），容忍度比较差（只要他不高兴了，嘴巴会一直碎碎念），对事情意见很多又不愿退让（霸道），其实就是一个巨婴，不高兴就立刻表露，没有空间涵容自己的情绪。这真是很为难他的妻子，妻子需要像个妈妈一样，对他又哄又劝的。

但是这样的丈夫，高兴的时候会是非常有魅力的，就像小孩一样可爱好玩，表达感情一定也很直接而浓烈，任何有母性的女人很自然也会为这个优点买单，只是不知道后面后果的严重性。和巨婴男在一起的女人，都不免会感到孤独和无助，因为巨婴男凡事都要以满足他们的需求为优先，你的要求绝对是其次的，而他们的需求碰巧又非常多。

此外，结婚之后，两个人会面临很多生活层面大大小小的事件以及不一致的地方，同时也需要共同经历生命中许许多多的第一次，任谁也无法预测自己的反应大概会如何。所以，想要维系住婚姻，势必需要忍辱负重或是改变自己的性格、价值观，以便和对方在中间地带相会。

/ 德芬全新体悟 /

走出了"情感需要依赖男人"的怪圈,都活出了自己

某位女星离婚了,我并不讶异,只是觉得这段婚姻维持的时间短了些。当时她宣布要和白马王子结婚时,我就和周围的朋友说,真是心疼她,好不容易嫁人了,却选错了对象。她的情史很丰富,人生的经历也很坎坷(原生家庭当然不及格)。当年在她最红的时候,一桩意外的事件毁了她的演艺生涯,她没有完全精神崩溃已经是很坚强了。这个苦命、善良、深情的女孩,好不容易结婚了,为什么这么快就以悲剧收场?

最难受的是,男方还发了一封长信,说她"不爱他",对自己的劈腿花心当然只字不提,故意塑造自己深情款款的假象。真的是太为她不值了。

问题是,众人一眼就可以看出的渣男,为何很多女人都会执意要嫁?我们都知道,有些女人就是向往婚姻,想要一个执子之

手,与子终老的对象。当你对一件事物向往很久,而有一天它触手可及的时候,很多人都会自动关闭检测系统、防御系统,只选择自己想要看的东西,这是人之常情。

问题是,婚姻到底是什么?我们真的把它看清楚了吗?过来人都知道,婚姻真的不仅仅是"找一个人来好好爱你,天长地久地永相守",它的现实面,没有经历过的人还真难想象。而对婚姻有错误期待和浪漫幻想的人,通常就会对渣男没有免疫力。

有关婚姻的真相,精神分析前辈吴和鸣老师说过这样一个例子:

神父:你愿意嫁给他,深入虎穴,成为他妈、他姐的替身,接受他二十八年累积的愤怒吗?

她:我愿意。

神父:你愿意娶她,把你家变成主战场,成为她爸、她哥的替身,接受她二十六年累积的幻想、嫉妒和仇恨吗?

他:我愿意。

神父:现在我宣布,你们正式结仇。

有人评论说:

神父:你愿意嫁给他,面对他对你幻想的破灭,和他一起经历生命深处的种种丧失,承受他所不能承受的,爱他所不能爱的自己吗?

她:我愿意。

神父：你愿意娶她，在她以最黑暗的部分面对你的时候，你依然可以看到后面的光芒，不被彼此的心魔诱惑，不向绝望低头吗？

他：我愿意。

神父：现在我宣布，双修开始！

这大概不是一般人对婚姻的看法吧？我一直告诉我的孩子，结婚之前最好先和对象同居三年再决定，哪怕一年也好。人会被恋爱冲昏了头，这是科学家验证过的，朝夕相处一年以后，多多少少能看出来这个人的真面目。

当然，如果你对婚姻太过渴望，对那个人太过"上瘾"，相处三年也没用，除非你真的苦够了。对"恋爱中的头脑"进行了"功能性磁共振成像"研究的人类学家海伦·费希尔表示，浪漫爱情事实上就是一种"上瘾"行为，它使头脑中变得活跃的部位，和毒品刺激到的部位是一样的。我们都知道，对毒品上瘾的人明明知道它不好，但即使倾家荡产也很难戒掉。对爱情存有巨大渴望的女人，一旦有人愿意提供"重口味的承诺"，她们就会堕入其中不可自拔。

另外一个女人会选择渣男的原因，是对于婚姻有不切实际的幻想，而渣男的标配正是特别擅长得手前的甜言蜜语、细腻体贴，让大多数女人头晕目眩。渣男不是现代社会的产品，古来就有之。但是为什么现代离婚率节节攀升，而几十年前，婚姻一向都是比较稳固的？那是因为以前大多数的婚姻基础都是建立在物质动机、家庭动机、社会动机之上，"功能性"比较明确。

那个时候的浪漫爱情，可能还是像鱼子酱、榴莲一样罕见的奢侈食品，人们对它们没有口感上的"需求"，因为没吃过。慢慢地，观念改变了，自由恋爱开始了，人们尝到了"坠入爱河"的滋味，逐渐喜爱它的滋味，于是，婚姻摇身一变，从功能性的社会组成单位（安全感、延续后代、经济支持、社会地位），成为了"爱情的最终归宿"。

婚姻的负担愈来愈重，需要提供爱、激情、专一和专注的关怀，两个人不仅是组成家庭的人，更是彼此最好的朋友、灵魂伴侣、谈心的对象，需要相亲相爱携手共度下半生……所以，在以前的婚姻中，不幸福好像是常态，大家习以为常，对婚姻和另一半的要求没有那么高，选择性很少，自由度也低，长相厮守似乎就比较容易。

现代的人，以追求幸福为目标，所以，离婚不再是因为不幸福，而是因为我们认为自己应当更幸福。我问过很多老夫老妻，婚姻长久的秘诀是什么，大部分的人都是说一个字——"忍"，也有不少人说，"聚少离多，没有期待"。这些秘诀对现代的年轻人来说，真的是入不了眼，不屑一顾。

所以，内心缺乏爱，渴望用亲密关系来填补的人，最容易在爱情中受伤。也就是说，他会放过多的情感在亲密关系当中，正是：没有的时候渴望，有的时候依赖，失去了又痛苦。即使在婚姻中，女人也应该把握机会好好经营自己的事业，在工作、好友当中发掘自己的归属感，甚至可以有个精神依托或信仰，这样就不会一直像一个被困在城堡中的公主一样，等着骑白马的王子来挥剑屠龙，拯救自己。这样的王子不存在，而恶龙其实就是我们自己的心理创伤。

我们常常看到，一个极其作的女人，偏偏身边会有不弃不离的好男人一直守候着——亲密关系的好与坏，和命运脱离不了关系。所以，注定在亲密关系中辛苦的人（像我就是），就必须学会在感情上不要那么依赖男人，把注意力多分散出去，执意打破自己对浪漫爱情的憧憬和幻想。

很幸运的是，我们终究走出了"情感需要依赖男人"的怪圈，都活出了自己。女人，不是不能小鸟依人，而是要学会情感的独立，说白了就是人生的愉悦。重心，不能放在一个人身上，要多方分散。如果真的能做到了，基本上就具备了渣男免疫抗体，因为我们自己过得开心。如果生命中多一个人，他就只能来为我们加分，不能来虐我们。这样，我们都可以成为一个有底气的女人，不再为爱所苦、为情所伤，也不会一头栽进婚姻中而进退两难了。

最后我要说的是，我不是赞成离婚或是单身，男人、家庭、婚姻都是可以为我们女人加分的，关键在于我们自身的态度，不要让这些加分项反客为主来虐我们，这是重点。祝福天下的女人都愈来愈幸福，活出真正的自己！

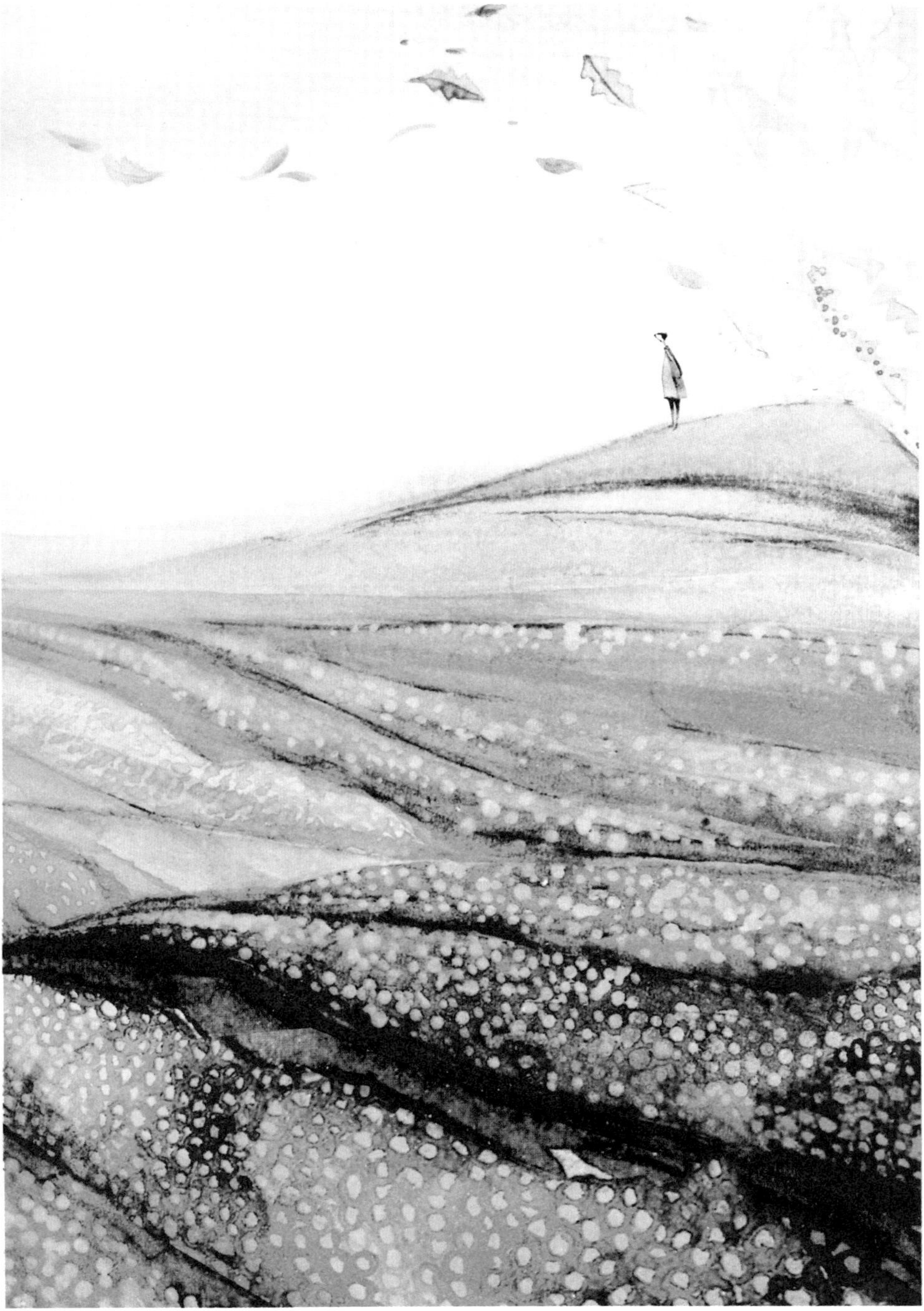

© 中南博集天卷文化传媒有限公司。本书版权受法律保护。未经权利人许可,任何人不得以任何方式使用本书包括正文、插图、封面、版式等任何部分内容,违者将受到法律制裁。

图书在版编目(CIP)数据

爱到极致是放手:全新修订版/张德芬著. ——长沙:湖南文艺出版社,2021.1(2022.1重印)
ISBN 978-7-5404-9649-4

Ⅰ.①爱… Ⅱ.①张… Ⅲ.①人生哲学—通俗读物 Ⅳ.①B821-49

中国版本图书馆CIP数据核字(2020)第067789号

上架建议:心灵成长·励志

AI DAO JIZHI SHI FANGSHOU: QUANXIN XIUDING BAN

爱到极致是放手:全新修订版

作　　者:	张德芬
出 版 人:	曾赛丰
责任编辑:	刘雪琳
监　　制:	邢越超
策划编辑:	李彩萍
特约编辑:	王　屿
营销支持:	文刀刀　周　茜
封面设计:	利　锐
版式设计:	李　洁
插　　画:	范　薇
封面插图:	视觉中国
出　　版:	湖南文艺出版社
	(长沙市雨花区东二环一段508号 邮编:410014)
网　　址:	www.hnwy.net
印　　刷:	长沙鸿发印务实业有限公司
经　　销:	新华书店
开　　本:	880mm×1270mm　1/32
字　　数:	177千字
印　　张:	8.5
版　　次:	2021年1月第1版
印　　次:	2022年1月第2次印刷
书　　号:	ISBN 978-7-5404-9649-4
定　　价:	52.00元

若有质量问题,请致电质量监督电话:010-59096394
团购电话:010-59320018